MODERN HUMANITIES RESEARCH ASSOCIATION
EUROPEAN TRANSLATIONS
VOLUME 6

UN DIT MORAL CONTRE FORTUNE
A CRITICAL EDITION OF MS PARIS, BnF, FR. 25418

MODERN HUMANITIES RESEARCH ASSOCIATION
EUROPEAN TRANSLATIONS

The guiding principle of this series is to make available translations that had a significant impact on the receiving culture at the time of their publication, but that are now either completely or relatively inaccessible. Aimed at an academic market, titles in this series will also reflect current areas of scholarly debate and/or topics studied on undergraduate and postgraduate courses.

Each volume will include a substantial introduction, and textual and explanatory notes. The introduction will describe the ways in which this particular translation (or these translations) shaped literary and/or intellectual currents in the receiving culture, and will provide a coherently argued account of the omissions and distortions of the translation/s.

Titles will be selected by members of the Editorial Board and edited by leading academics.

Editorial Board
Chair: Dr Andrew Counter (University of Oxford)
French: Dr Andrew Counter (University of Oxford)
Germanic: Professor Ritchie Robertson (University of Oxford)
Italian: Dr Mark Davie (University of Exeter)
Portuguese: Professor David Treece (King's College London)
Slavonic: Professor David Gillespie (University of Bath)
Spanish: Professor Jonathan Thacker (University of Oxford)
Spanish: Professor Duncan Wheeler (University of Leeds)

texts.mhra.org.uk

Un Dit moral contre Fortune

A critical edition of MS Paris, BnF, fr. 25418

Edited by Glynnis M. Cropp
in association with John Keith Atkinson

Modern Humanities Research Association
European Translations 6
2018

Published by

*The Modern Humanities Research Association
Salisbury House
Station Road
Cambridge CB1 2LA
United Kingdom*

© *Modern Humanities Research Association 2018*

Glynnis M. Cropp and John Keith Atkinson have asserted their rights under the Copyright, Designs and Patents Act 1988 to be identified as the authors of this work. Parts of this work may be reproduced as permitted under legal provisions for fair dealing (or fair use) for the purposes of research, private study, criticism, or review, or when a relevant collective licensing agreement is in place. All other reproduction requires the written permission of the copyright holder who may be contacted at rights@mhra.org.uk.

First published 2018

ISBN 978-1-78188-760-8

CONTENTS

Preface	vii
Abbreviations	viii
Introduction	1
Un Dit moral contre Fortune	28
Appendix 1: Table of Concordance: *Le Roman de Fortune et de Felicité* and *Un Dit moral contre Fortune*	134
Appendix 2: Sample Passages of *Le Roman de Fortune et de Felicité* (ed. by B. Atherton): with brief notes for comparison with *Un Dit moral contre Fortune*	139
Notes on the Text	144
Table of Proper Names	153
Glossary	157
Bibliography	170

PREFACE

This edition, prepared in association with Dr John Keith Atkinson, contains an *abrégé* of Renaut de Louhans's *Roman de Fortune et de Felicité*, a major medieval verse translation of Boethius's *Consolatio Philosophiae*, edited by Dr Béatrice Atherton as her doctoral thesis for the University of Queensland. I deeply appreciate Dr Atherton's permission to use her edition and her steps to make it available in open access through the University of Queensland Library. I am also very grateful to Dr Keith Atkinson, who directed Dr Atherton's thesis and has contributed the sections on Description of the Manuscript and Linguistic Features in the Introduction to the present edition as well as his invaluable scholarly advice and scrutiny throughout.

I acknowledge with gratitude the help received from colleagues and institutions, particularly the Bibliothèque nationale de France and the Institut de Recherche et d'Histoire des Textes, Paris, the University of Queensland Library, and the School of Humanities and the Massey University Library, Palmerston North.

I also thank Mr Gerard Lowe, Publishing Manager, Modern Humanities Research Association, and Dr Andrew Counter, Editor of the MHRA European Translations series, for their interest and help.

Glynnis M. Cropp, May 2018

ABBREVIATIONS

The following abbreviations refer to works regularly quoted or consulted:

CP   *Anicii Manlii Severini Boethii Philosophiae Consolatio*, ed. by L. Bieler, Corpus Christianorum, Series Latina, 94 (Turnhout: Brepols, 1957)

DM   *Un Dit moral contre Fortune (MS BnF, fr. 25418)*

RFF *Le Roman de Fortune et de Felicité*: Béatrice Atherton, 'Edition critique de la version longue du *Roman de Fortune et de Felicité* de Renaut de Louhans, traduction en vers de la *Consolatio Philosophiae* de Boèce', 2 vols (doctoral thesis, University of Queensland, 1994)

DMF *Dictionnaire du moyen français (DMF 2015)*, <http://www.atilf.fr/dmf>, ATILF/CNRS — Université de Lorraine

Gdf Godefroi, Frédéric E., *Dictionnaire de l'ancienne langue française du IXe au XVe siècles*, 10 vols (Paris: F. Vieweg, 1881–1902; repr. New York: Kraus, 1961)

The Glossary includes a list explaining the abbreviated grammatical terms it contains.

INTRODUCTION

Vernacular translations of Boethius's Latin *Consolatio Philosophiae* (written c. 525) proliferate in the Middle Ages. Thirteen distinct French translations, dating from the thirteenth to the fifteenth century, have been described and classified.[1] Some, attested in multiple copies, were widely disseminated; others, like the translation edited here, have remained individual pieces of work in a single copy. Most translators no doubt undertook the task mainly for the benefit of other people; but some perhaps aimed primarily to increase their own understanding of the *Consolatio*, to identify in some measure with Boethius in prison, and to benefit from both the philosophical truth and the therapeutic purpose of the Latin work.

For translators, the style and the thought of the *Consolatio* are intellectually challenging. It has features of the Greco-Roman consolatory genre, the goal of which is to relieve suffering and sorrow by the power of words. In this framework, Boethius expressed different means of consolation and the emotions involved. Translators confronted the variety of forms Boethius had used: dialogue, philosophical discourse, poetry, examples from classical antiquity, as well as allusions to his own experience. A high level of linguistic and literary versatility was required.

In medieval Europe, not only did the Latin *Consolatio* spawn translations and commentaries, but translations also spawned further translations and glosses, creating networks of affinities.[2] The translation edited here is an *abrégé* of Renaut de Louhans's *Roman de Fortune et de Felicité*, a major verse translation (7914 verses), completed in 1336/37 by a Dominican and attested in thirty-seven extant manuscripts.[3] Its affinity with two earlier verse-prose

---

[1] Two recent repertories are: J. Keith Atkinson and Glynnis M. Cropp, 'Boèce, *Consolatio Philosophiae*, VIe siècle', in *Translations médiévales (Transmédie): cinq siècles de traductions en français au Moyen Age (XIe–XVe siècles): Étude et Répertoire*, 2 parts in 3 vols, ed. by Claude Galderisi, II, *Corpus Transmédie* (Turnhout: Brepols, 2011), 2, 181, pp. 333–43; Glynnis M. Cropp, 'Boethius in Medieval France: Translations of the *De Consolatione Philosophiae* and Literary Influence', in *A Companion to Boethius in the Middle Ages*, ed. by Noel Harold Kaylor, Jr, and Philip Edward Phillips (Leiden: Brill, 2012), pp. 319–55.

[2] Glynnis M. Cropp, 'Affinities, Appropriation, and Hybridity in the Medieval French Translations of Boethius's *Consolatio Philosophiae*, with Particular Reference to *Un Dit moral contre Fortune* (MS BNF, fr. 25418)', *Carmina Philosophiae: Journal of the International Boethius Society*, 21 (2012), 1–41.

[3] Béatrice Atherton and J. Keith Atkinson, 'Les manuscrits du *Roman de Fortune et de Felicité*', *Revue d'Histoire des Textes*, 22 (1992), 169–251. A critical edition of the text, based on Paris, Bibliothèque nationale de France, MS fonds français 578, has been completed: Béatrice Atherton, 'Édition critique de la version longue du *Roman de Fortune et de Felicité*

translations has been demonstrated.[4] It also inspired another verse translation, *Böece de Confort*, completed by an anonymous Dominican, shortly after 1380, and attested in thirty-five extant manuscripts.[5] This version was later reworked with prose translations of the prose sections of the *Consolatio* and is contained in a single manuscript.[6] The present verse *abrégé*, *Un Dit moral contre Fortune*, contained in MS Paris, BnF, fr. 25418, is thus the last link in a chain of translations.[7]

Its most obvious difference from the *Roman de Fortune* is its reduced length (4588 verses, as edited). The reviser shortened arguments and eliminated examples, including the mythological narratives in Books III and IV, and all but three verses of Book V with its complex philosophical arguments. Medieval French translators had tended to amplify Boethius's text with examples and anecdotes, supplementary material which the reviser pared away, leaving a somewhat lean text. He inserted a few pieces of explicitly Christian religious instruction and gave more prominence to the dichotomy of Fortune and Felicité. With Prologue and Epilogue, the work is complete in itself. In the manuscript, it has no title. The present title is derived from the beginning of the Prologue:

> Pour le Tout Poissant honnourer
> Et magnifier son haut nom
> Et pour cuer humain conforter
> Et hoster de toute turbacion,
> Contre Fortune au cuer amer,
> Mere de toute affliccion,
> Dez dis Böece vueil conter
> C'om dit de Consolacion. (vv. 1–8)

---

de Renaut de Louhans, traduction en vers de la *Consolatio Philosophiae* de Boèce', 2 vols (unpublished doctoral thesis, University of Queensland, 1994). It is available online: <https://espace.library.uq.edu.au/view/UQ:366317>. We are very grateful to Dr Atherton for her permission to base this work on her edition and for her thesis to be available online through the University of Queensland espace.library. On this translation, see also *Transmédie*, 2, 181, #9.
[4] J. Keith Atkinson and Glynnis M. Cropp, 'Trois traductions de la *Consolatio Philosophiae* de Boèce', *Romania*, 106 (1985), 198–232.
[5] Marcel M. Noest, ed., 'A Critical Edition of a Late Fourteenth Century French Verse Translation of Boethius' *De Consolatione Philosophiae*: The *Böece de Confort*', *Carmina Philosophiae*, 8–9 (1999–2000), v–xviii, 1–331; 11 (2002), 9–15 (Notes to the Introduction). *Transmédie*, 2, 181, #12.
[6] *Böece de Confort remanié: édition critique*, ed. by Glynnis M. Cropp, MHRA European Translations, 1 (London: Modern Humanities Research Association, 2011). *Transmédie*, 2, 181, #14.
[7] *Transmédie*, 2, 181, #13.

Description of the Manuscript

MS Paris, Bibliothèque nationale de France (BnF), fonds français 25418

Description: Parchment, late fourteenth to early fifteenth century, i + 139 fols + i, 220/225 x 145/150 mm; the text-space, ruled in drypoint, is 145/160 x 90/100 mm, 30 to 38 full lines of text per page. It consists of sixteen quires, all except one marked by catchwords: $1-4^8$, 5^7, $6-9^8$; $10-11^8$, 12^{12}; 13^8, 14^{12}, 15^8, 16^{10}. Foliation in fifteenth-century Arabic numerals, 1–141; the initial parchment flyleaf is not numbered and the number 33 has been omitted. Three large initials on an ornamented background (fols 1, 75, 103) clearly mark off the three texts or collections, which might originally have been three independent volumes, to judge from the differing signatures and hands.[8] The script of all three texts is a *cursiva libraria*; black ink, alternating red and blue small capitals within each text; the binding is leather over wooden boards. The manuscript bears the ex-libris of the Abbey of Saint Victor, Paris: 'Iste liber est Sancti Victoris parisiensis. Quicumque eum furatus fuerit vel titulum hunc deleverit, anathema sit. Amen' (fol. 1^r, lower margin). The binding shows the former Saint Victor library shelf mark, '1479'.

Contents:

Folios $1-74^r$ (fol. 74^v is blank): a French verse translation of the first four
  books of Boethius's *Consolatio Philosophiae* (incipit: *Pour le tout poissant honnourer*), some 4588 octosyllabic verses, edited here with the title *Un Dit moral contre Fortune*.[9] It is an abridgment of the verse translation by Renaut de Louhans.[10] The text is continuous, without rubrics, but with occasional indications in the margin for the illustrator to complete capitals or fill spaces left in the text for the name of Philosophie or Böece.

Folios $75-102^r$: 1578 verses selected from Jean Le Fèvre's 3760-verse poem,
  Le Respit de la Mort (1376) (incipit: *Je ne veuil plus traitier d'amours*), identified by the editor as an incoherent series of extracts.[11]

Folio 102^v: verses devoted to the Virgin,[12] written no doubt by the scribe whose
  series of Marian verses proper begins with the ornamented capital on fol. 103.

Folios 103–40: a series of poems in honour of the Virgin Mary (incipit: *Adam
  quant vit en esprit | L'Incarnacion Jhesucrist*), in a variety of metres and of

---

[8] For a description, see Atherton and Atkinson, pp. 221–22, and *Le Respit de la Mort par Jean Le Fèvre*, ed. by Geneviève Hasenohr-Esnos (Paris: A. & J. Picard, 1969), pp. xcii-xcvii.
[9] See note 2 above and pp. 2, 4–5.
[10] See note 3 above.
[11] Hasenohr-Esnos, pp. xcv–xcvii.
[12] J. Sonet, *Répertoire d'incipit de prières en ancien français* (Geneva: Droz, 1956), no. 1886.

different lengths, on the general theme of glorifying the Virgin.[13]

Folio 141[r] (back flyleaf): verses concerning the four human temperaments, a translation of the Latin *Regimen sanitatis salernitanum*, copied later in the fifteenth century.[14]

Other handwritten inscriptions appear on the initial flyleaf, with signatures of two possible fifteenth- or sixteenth-century owners, and in the upper margin of fol. 1[r] three former shelf marks; inside the back cover some meteorological sayings have been copied.[15]

In some early mentions of the translation contained in this manuscript, an error was made. There is in fact another related verse translation of *c*. 1382, the *Böece de Confort* (incipit: *Celui qui bien bat les buissons*).[16] Rather than an abridgement of the *Roman de Fortune*, the *Böece de Confort* is an expansion of that text. There are therefore a considerable number of verses shared by all three translations. However, on close examination, there are only some twenty-six verses, unique to *Böece de Confort*, which have been incorporated in the *Dit moral*. Twelve occur in the opening verses of Book I, i,[17] and fourteen verses of the Epilogue of *Böece de Confort* (11063–76) make up verses 9–22 of the Prologue. It was on the basis of these few verses that, in a review of the earlier study by Léopold Delisle,[18] Paul Meyer stated categorically that the *Dit moral* was an abridgement of the *Böece de Confort*, and not of the *Roman de Fortune*.[19]

---

[13] J. Morawski, 'Le manuscrit fr. 25418 de la Bibliothèque nationale et les vers sur les quatre tempéraments humains', *Neuphilologische Mitteilungen*, 28 (1927), 195–208 (pp. 196–99). Some of these poems have been identified; see Sonet, *Répertoire*, nos. 677, 1008; Keith V. Sinclair, *Prières en ancien français: nouvelles références, renseignements complémentaires, indications bibliographiques, corrections et tables des articles du Répertoire de Sonet* (Hamden, CT: Archon Books, 1978), nos. 677, 695, 1008, 1886; Sinclair, *French Devotional Texts of the Middle Ages: A Bibliographic Manuscript Guide* (Westport, CT: Greenwood Press, 1979), nos. 2415, 2616, 3106–07, 3111, 3117, 3121, 3168–69, 3778; *First Supplement* (1987), no. 4186.

[14] Morawski, pp. 199–209.

[15] Hasenohr-Esnos, p. xciv.

[16] See note 5. A fuller version of this work is held in the Fryer Library of the University of Queensland as Marcel Noest's doctoral thesis, 1998 (THE 12718).

[17] Verses 72–79 represent a reorganisation of *Böece de Confort*, vv. 157–64, and retain the rhyme pattern; vv. 88–91 rely heavily on the *Böece*, vv. 165–68 (Noest, 'A Critical Edition', p. 7).

[18] P. Meyer, review of L. Delisle, 'Anciennes traductions françaises de la Consolation de Boèce' (*Bibliothèque de l'École des Chartes*, 34 (1873), 5–32), *Romania*, 2 (1873), 271–73.

[19] A fuller discussion of these misunderstandings can be found in J. Keith Atkinson, 'A *Dit contre Fortune*, the Medieval French Boethian *Consolatio* Contained in MS Paris, Bibliothèque Nationale, fr. 25418', in *New Directions in Boethian Studies*, ed. by Noel Harold Kaylor, Jr, and Philip Edward Phillips (Kalamazoo: West Michigan University, 2007), pp. 53–74 (pp. 54–55). Further references are to this edition of the essay. It was first published in *Carmina Philosophiae*, 10 (2001), 1–22. The previous description of the French translations (Antoine Thomas and Mario Roques, 'Traductions françaises de la *Consolatio Philosophiae* de Boèce', *Histoire littéraire de la France*, 37 (1938), 419–88, 543–47) simply listed the work in

The true dependence of the *Dit moral* on the *Roman de Fortune* was definitively recognised by Richard Dwyer in his comprehensive study (1976) of the medieval French translations of the *Consolatio*.[20] In acknowledgement of some influence of the *Böece de Confort* on the *Dit moral*, he noted that there are a few miscellaneous lines of the former copied in the latter, as confirmed above.

In his study of the *Dit moral*, Keith Atkinson compared the text with Renaut de Louhans's translation, exploring the treatment of poetic form, revealing deliberate modifications of Renaut's Eastern rhymes, and categorising some of the major omissions, such as mythological narrative, exemplary allusions, natural imagery, and philosophical arguments.[21] In another study, Glynnis Cropp examined processes of borrowing and abridgement, situating the *Dit moral* in the range of French translations, as well as illustrating the Christianising processes evident.[22] The results of these two studies have been incorporated in this edition. The aim is to determine the overall intention of the reviser, and to give credit to his efforts to produce an individual version of the *Consolatio*.

Form and Structure

In the Prologue, the reviser stated his intention: 'Contre Fortune [...] | Dez dis Böece vueil conter | C'om dit de Consolacion' (5, 7–8), from which the title has been derived. Although the term *dit*, especially in the plural, can apply generally to the work of an author, it also denotes from the thirteenth century a particular verse form, not intended to be sung. In the widest sense, it is a rhymed literary composition, which might belong, or might not belong, to a specific genre. It often has moral or didactic content. By the fourteenth century, the form had become longer and was used to express allegory and debate. It seems appropriate to define the anonymous *abrégé* as an example of this fairly open poetic form.[23]

The focus is on Böece and his struggle to free himself from Fortune's thrall. The reviser begins by praising God and then evoking the means of relief from the distress Fortune has caused (1–8). The following verses warn against

---

MS fr. 25418 as a distinct translation, without further comment.

[20] Richard A. Dwyer, *Boethian Fictions: Narratives in the Medieval French Versions of the Consolatio Philosophiae* (Cambridge, MA: The Mediaeval Academy of America, 1976), pp. 16–19, 71, 130.

[21] Atkinson, 'A *Dit*', pp. 57–74.

[22] See note 2 above.

[23] Monique Léonard, 'Dit', in *Dictionnaire du Moyen Âge*, ed. by Claude Gauvard, Alain de Libera and Michel Zink (Paris: Quadrige; Presses Universitaires de France, 2002), pp. 421–22; Jacqueline Cerquiglini, 'Le Dit', in *GRMLA*, VIII, 1 (Heidelberg: Winter, 1988), pp. 86–94 (especially concerning two characteristics: the verb *conter* and the authorial first person).

Fortune and the unreliability of worldly goods, and stress the value of patience, faith in God and respect of the divine order. They stop short of the Christian injunction to serve God here and now in order to gain heavenly glory, but the Epilogue (4570–88) completes the Christian message. The final strophe of the Prologue (64–71) concords with both the *Roman de Fortune* (145–52) and the *Böece de Confort* (149–56).

The manuscript does not mark division of the translation into books with numbered metre and prose sections, but offers a text for continuous reading, following the order of both the *Consolatio Philosophiae* and the *Roman de Fortune*. As in the *Roman de Fortune*, the *Dit moral* lacks Book III, metres iii, iv, xi, and Book IV, metres i, v, vi, and prose 5. Book I, metre iii is reduced to a mere two verses. Some of the Latin metres excluded by Renaut de Louhans contain classical allusions and/or evoke aspects explained in prose sections of the *Consolatio*. The content of the omissions can be summarised: evocation of the wealth and avarice of the rich (III, iii), hate of Nero's pride and cruelty (III, iv), the seeds of truth stored in the mind for recall (III, xi), the wings of the mind for rising above the dark earth (IV, i), Boethius's questions on God's governance and Philosophie's assurance that the universe is regulated by a good governor in an orderly way (IV, 5), classical allusions to natural phenomena which need explanation to quieten human minds (IV, v), classical allusions to the heavens and seasons, controlled by the supreme Creator (IV, vi). Renaut considerably abridged Boethius's treatise, but retained the essential ideas, which he called 'la substance', sometimes adding nuances of Christian interpretation.[24] In places he suppressed dialogue in favour of Philosophie's lengthy discourses, a tendency the reviser did not change. Nor did the reviser restore anything Renaut had eliminated. As the Latin text does not accompany Renaut's translation in any known manuscript, it stands on its own, as an independent work.

The text of the *Dit moral* is generally coherent and significant, corresponding to a very large extent to Atherton's edition of the *Roman de Fortune*, especially when variants from certain manuscripts are occasionally taken into account. Aberrant readings occur at times, which might be attributed to a careless scribe. The reviser consciously condensed the *Roman* to provide a concise version containing the essential moral argument, without elaboration of its philosophical meaning and with reduced exemplary illustration. He eliminated verses that seemed repetitious or gratuitous, he reduced lists, he telescoped two verses into one — these are his practices. Notable lacunae are the references to Boethius's contemporaries (I, 4) and the mythological narratives. Sometimes he improved on a verse. He added a six-line gloss explaining the letters on Philosophie's gown (182–87), which is attested in one variant (N) of the *Roman de Fortune*, New Haven, Yale University Library MS 38.[25] He retained two

---

[24] Atherton, I, p. 217.
[25] Atherton, II, p. 307.

special passages: the *Chantepleure* (II, i; 1326–60), and the *Vers sur la Mort* (II, vii; 2527–65), of which he halved the number of verses.[26]

A kind of reticence or *pudeur*, modesty, appears in certain modifications. For example, in II, 6, he omitted Renaut's mention that the wicked dishonour maidens and separate married couples: 'Ilz deshonorent damoiselles, | Ilz efforcent virges pucelles, | Ilz desmarient mariees' (*RFF*, 3321–23). In II, vii, infant death is said to be 'pour le pechié du pere' (2555), whereas Renaut has 'ou ventre de la mere | L'enfant debroyë et detort' (4024–25). And in III, 5, 3135–38, the detail that the fearful tyrant had his daughters made barbers (*RFF*, 4729–34) is not included.

Although the reviser shied away from mythology and antiquity, he retained, albeit very briefly, the moral lessons of the three mythological metres. Without naming Orpheus (3868–91), some of Renaut's moralising from the beginning and end of III, xii is retained. Ulixes is named in a summary narrative (4124–33) preceding the moral lesson (4134–51), which corresponds to verses 6229–46 of the *Roman*. Only a brief moral lesson (4562–69) has been salvaged from IV, vii (*RFF*, 6669–7152). It does, however, encapsulate the essential truth of the *abrégé*: worthy vassals must keep up the fight against sin and strive for heaven, as the Epilogue elaborates.

Fortune

The representation of Fortune in medieval literature derives to a large extent from Boethius's portrayal in the *Consolatio Philosophiae*. Personified, she disturbed human lives in unpredictable ways. Forever changing and uncontrollable by human agency, she was, however, subordinate to a superior being, God or Fate. In Book I Boethius blames her for his downfall. In Books II–III, her power is shown to lie in her freedom to turn her metaphorical wheel, to bestow wealth, fame, and honours and to remove them suddenly without reason. In Book IV, the good and bad effects of Fortune are distinguished and God's benevolent governance affirmed. With patience and persistence an individual can derive good from Fortune's seemingly adverse workings. Book V, which is not included in the *Dit moral*, contains discussion of Fate and Providence, free will and divine foreknowledge.

The reviser stated at the beginning of his Prologue to the *Dit moral* that in honour of God Almighty and for consolation of the distressed he intends to relate Boethius's opposition to Fortune, for God's constancy and bounty are superior to Fortune's falsity and fickleness. Certain of her characteristics are given: she is unfriendly, even hostile, and causes distress; she holds the reins with which she controls human lives; her face is dark and menacing. Fortune, unworthy of esteem, thus contrasts with Philosophie, the voice of reason, a source of light, as is described in Book I, prose 1.

---

[26] See below, Versification, pp. 14–15.

Multiple occurrences of her name attest the almost omnipresence of Fortune in the *Dit moral*. They diminish from III, 6 onwards as the opposite pole of the discourse, Felicité, is advocated. Fortune re-appears in IV, 6, where Philosophie is reviewing and summing up the argument, and specifically in verses 4461–65.

In the first metre, Böece, the protagonist, cries out against Fortune, to whom he attributes his downfall and sorrow. Philosophie responds in metre ii, defining the opposition between Böece, 'Un homme de si haut merite' (297) and Fortune, who 'en forcener se delite, | Et contre nouz a tousjours guerre' (294–95). Battle lines seem to be drawn, with Philosophie on Böece's side. The reviser economised by omitting Philosophie's direct challenge to Fortune (*RFF*, 357–92) and some further passages expressing this opposition, for example, in I. 4, the depiction of Böece as Fortune's victim (*RFF*, 721–28) and the apostrophe of Fortune (*RFF*, 849–56).

In Book II, Philosophie and Fortune defend their positions in long discourses. Philosophie describes Fortune as 'un monstre plain d'ire' (1089), 'forcenee' (1099), who is to be distrusted and despised, even when she appears well disposed and generous. Therefore one can be glad to see the back of her, when her attitude changes (1123–38). But, as Philosophie explains, humans dislike change (1139–46). Summoned by Philosophie, Retorique reasons and sooths, advocating patience. She introduces the image of Fortune's wheel (1268, 1298), which Fortune herself mentions (1449–50, 1458). Musique charmingly sings of mixed emotions of pleasure and pain. Then Fortune speaks in defence of her ways: Böece should not complain, it is her right and her nature to withdraw the benefits she has bestowed, for Fortune is, like Nature, free to move and change as she wishes. In prose 3 and metre iii, Philosophie explains the concept of change as an integral part of Nature. She assures Böece that he is really less unfortunate than he thinks (1506–41), and that it will be shown that good can result from adverse fortune (2606–65). She advocates for peace with Fortune (2606–12), arguing that Fortune's lessons teach self-knowledge (2616–47) and the difference between loyal and disloyal friends (2648–65). Changes in friendship are later attributed specifically to Fortune turning her wheel (3186–3206).

Resolution is reached in Book IV, 6, when it is shown that God, who is supreme, distributes to the good and the bad in the world, as He wills. Fortune's threatening character and hostile ways can be thwarted by human patience and perseverance in the necessary battle. Following the example of valiant knights, saints and learned scholars, the good soldier will persist in the fight (4527–61). Opposition to Fortune and prayer to God provide the path to heaven and Felicity (4566–69).[27]

---

[27] On Fortune, of particular interest are: Pierre Courcelle, *La Consolation de Philosophie dans la tradition littéraire: antécédents et postérité de Boèce* (Paris: Études augustiniennes, 1967), pp. 101–58 and pl. 65–86; Tony Hunt, 'The Christianization of Fortune', *Nottingham*

Felicity

In the *Consolatio Philosophiae*, discussion of *felicitas* and *beatitudo* is concentrated in Books II, 3-4 and III, 5, 8-10, 12, with thirty-two occurrences of the word *felicitas* and sixty-two of *beatitudo*, an ecclesiastical Latin term denoting perfect happiness. French translators of the *Consolatio* did not seem to distinguish the meanings of the two terms, and used *beneurté* and *félicité* almost interchangeably as the equivalent of either Latin term. Just the same, the fourteenth-century translations of the *Consolatio* helped to embed the term in the French language. Derived from the Latin *felicitas*, which was used to name a Roman deity, *félicité* is first attested *c.* 1265, in Brunetto Latini's *Tresor*: 'Felicites est une chose qui vient par vertu de l'ame.'[28] In his translation of the *Consolatio* (*c.* 1300), Jean de Meun did not use the word *félicité*; he translated *felicitas* and *beatitudo* by *beneurté*.[29] The next three translations: *Boeces: De Consolacion* (1320-30),[30] the *Roman de Fortune* (1336/37) and *Le Livre de Boece de Consolacion* (1350-60),[31] all contain the term *félicité*, along with frequent use of *beneurté*. In this respect, the *Dit moral* closely follows the *Roman de Fortune*.

Although Philosophie's exposition in the *Dit moral* is abridged, especially by omission or compression of examples, it is a coherent argument against Fortune and for Felicité, two opposite poles. Felicité is introduced in Book II, 3, when Böece still feels the pain of his downfall. Philosophie reminds him, however, that he had the good fortune of possessing 'biens mondains' (1523-25), which is better than not having had this experience, even if the worldly goods granted by Fortune are changeable, transitory (1533-41, 1570-75), arouse fear of their loss (1795-1802), and are therefore incompatible with Felicité, the remedy Philosophie promises. Central to her argument is the question of why people think happiness is to be found in worldly things when it lies within the person (1733-40). She states decisively: 'Que parfecte Felicité | Ne puet estre en bien mondain: | Felicité est souverain | Bien de nature raysonnable' (1764-67). Much of her argument and examples concentrate on showing that worldly goods are an obstacle to happiness, and not a source of Felicité.

French Studies, 38.2 (1999), 95-113; J. C. Magee, 'The Boethian Wheels of Fortune in Mediaeval Literature', *Mediaeval Studies*, 49 (1987), 524-33.

[28] *Li Livres du Tresor*, ed. by F. J. Carmody (Berkeley, 1939-48; repr. Geneva: Slatkine, 1975), p. 180, 50. See *Gdf*, 9, 606, with the definition 'jouissance du bonheur'. The first examples cited in the *DMF* are from Guillaume de Machaut's *Roman de Fortune* (*c.* 1341) and echo the *Consolatio*, II, 4.

[29] Denis Billotte, *Le Vocabulaire de la traduction par Jean de Meun de la 'Consolatio Philosophiae' de Boèce*, 2 vols (Paris: Champion, 2000), I, pp. 140-41; Lane Cooper, *A Concordance of Boethius: The Five Theological Tractates and the Consolation of Philosophy* (Cambridge, MA: The Mediaeval Academy of America, 1928), pp. 38-39, 145-46.

[30] Ed. by J. Keith Atkinson (Tübingen: Niemeyer, 1996).

[31] *Le Livre de Boece de Consolacion: édition critique*, ed. by Glynnis M. Cropp (Geneva: Droz, 2006), pp. 422, 437 (Glossary).

Böece must clear his mind of worldly matters, which are delusive and false, so that she can reveal the character of 'la vraye Felicité' (2777). Every human heart desires 'parfaite Felicité', which constitutes 'le bien souverain', the sovereign good (2807-09), but Nature diverts people from the right path, as Philosophie's examples demonstrate (2821-916). With warnings against accumulation of wealth, honours, power, 'parfaite Felicité' is defined: 'une chose | Ou toute bonté est enclose' (2973-74) and the definition reiterated (3525-36), before Böece expresses his acceptance of the truth of Philosophie's argument (3581-94, 3682-3703) that only 'Felicité parfaite' will satisfy human striving. Combining the authority of Plato and Christian belief in God, she concludes that prayer to God is the way to attain perfect Felicity (3720-35). Böece commits himself to this path (3840-67), affirming: 'Que parfaite Felicité | Est en Dieu tout puissant assise [...] Dieu puissant si est par nature | La fin de toute creature' (3847-48, 3852-53).

With the epithets *parfait, vray, souverain, premerain*, Philosophie's brief, aphoristic definitions of Felicité recur, as she strives to detach Böece from worldly preoccupations and possessions, and to make him lift his gaze and his thoughts to higher matters, to Felicité and to the Christian divine. The reviser thus brought into sharp relief the opposition between Fortune, the distributor of false, temporary, worldly benefits, and Felicité, whose enduring, stable happiness is indisputably superior and leads to the divine. The goal of human life rests in God. With this conclusion reached by the end of Book III, the reviser quite logically dispensed with the mythological narratives from classical antiquity in III, xii and IV, iii and vii, and reasserted in the Epilogue the need for constant war on all vices and assiduous Christian devotion in order to attain the ultimate 'Felicité perfaicte, | En joye de touz biens perfaicte' (4587-88).

Covetousness

More frequently mentioned in the *Roman de Fortune* and the *Dit moral* than in the *Consolatio*,[32] covetousness is a significant secondary theme. It is a major block to attainment of Felicity. Philosophie regards it as the motivation for human craving for material things and distinctions, implicating Fortune's mutability in this fault. It is not surprising that Renaut de Louhans and the reviser stressed and expanded Boethius's thought on this human weakness, for in the fourteenth and fifteenth centuries, covetousness was a dominant moral subject for theologians and literary writers.

Condemnation of the vice of covetousness has a long history: in the

---

[32] Sixteen occurrences are listed (Billotte, pp. 86-87; Cooper, pp. 87-88): *cupere* (9), *cupiditas* (3), *cupido* (3), *cupidus* (1). The DM has twice that number of the corresponding French terms. See the Glossary.

Christian context, in the Old Testament, the Tenth Commandment, in the New Testament, I Timothy 6. 9–10, Hebrews 13. 5, and in the thought of Saint Augustine, John of Salisbury, and numerous medieval theologians; in the moral context, Seneca and Boethius were respected authorities. Although not one of the Seven Deadly Sins, covetousness was associated with Avarice, Envy, and Gluttony, particularly with Avarice.[33] Medieval writers in the vernacular frequently blamed covetousness for the broken state of the world. Guillaume de Lorris depicted the allegorical figure of Covoitise as a strong burning emotion.[34] Poets such as Guillaume de Machaut, Eustache Deschamps, and Christine de Pizan portrayed covetousness as a cause of poverty and disorder. It acquired political significance. In his oration after the assassination of the Duke of Orléans (1407), the theologian, Jean Petit, used as his text I Timothy 6. 10 ('Radix enim omnium malorum est cupiditas', Covetousness is the root of all evils), to argue that the Duke had been justly punished for his faults, the greatest of which was covetousness.[35]

The origin of covetousness is evoked in II, v, the Golden Age metre. After times of innocence and communal sharing, the notion of personal property appeared, leading to the fourth age where: 'malice | Couvoitisë et avarice' have supplanted 'amours, pitié et charité, | Foy, droiturë, et verité' (*DM*, 2147–50).

In very similar versions of Book I, iv, Renaut de Louhans and the reviser reoriented the sense of the Latin metre, omitting its classical allusion and nature images, and introducing *couvoitise*, with its constant characteristic of fear, which accompanies acquisition of worldly goods and the possibility of their loss (*RFF*, 665–96; *DM*, 458–61, 474–85), for the individual is susceptible to Fortune's instability and wiles. Fear is a common human response to change. Furthermore, in I, 6, the folly of putting worldly goods before trust in God is recalled, in line with the Prologue (9–24).[36] Philosophie blames Fortune for diverting people from the path of reason and treating them favourably, only suddenly to abandon them (1089–1144). Fortune, however, defends her right so to behave and points to the insatiable desires individuals have, thus defining another dominant characteristic of covetousness (1436–40).

Covetousness is a subjective passion which burns within, consuming the person with its ardour. Medieval French writers expressed this characteristic by the lieu commun of *ardre et atisier* ('burn and enflame'), exploiting the convenient rhyme with *couvoitise*. Fortune thus ignites the emotion:

---

[33] For example, *La Voie de Povreté et de Richesse: Critical Edition*, ed. by Glynnis M. Cropp, MHRA Critical Texts, 51 (Cambridge: MHRA, 2016), where Covoitise is Avarice's standard-bearer (532, 555–64).
[34] *Le Roman de la Rose*, ed. by Félix Lecoy, 3 vols (Paris: Champion, 1966–70), I, 169–94.
[35] *Chronique du Religieux de Saint-Denys*, ed. by M. L. Bellaguet, 3 vols (Paris: Éditions du Comité des travaux historiques et scientifiques, 1994), II, 752–65.
[36] Cf. vv. 969–76, 1049–56, 1067–72.

'Ainz tousjours plus les cuers atise | Par avarice et couvoitise' (1093–94). She concludes her discourse: 'Nulz ne puet lessier couvoitise, | Car quant plus art et plus s'atise, | Tant ne puet avoir couvoiteux | Qu'il ne tiengnë a souffreteux' (1486–89). Hellfire enflames avarice and covetousness (2142–44). Other images are associated with covetousness: it imprisons (3788–91; 3985–91); its boldness makes the covetous and usurers resemble wolves (4066–70).

From Book II, 5 onwards, Philosophie reviews the different kinds of worldly goods coveted, showing that they oppress and arouse fear for their safe-keeping and the owner's security (2090–101). Covetousness and avarice lie behind human need for possessions and acquisition of riches (1861–1926), dignities and high office (2169–88), power (3067–70), fame (2379–2404), pleasures (3287–92). Böece recapitulates (3581–94). Philosophie then explains how covetousness becomes obsession with pursuit of one particular worldly good to the exclusion of all others (3595–3681), which serves to open the discourse on Felicity. Liberated from craving for the things of this world, the mind can rise to higher thoughts and perfect contentment.

Moral Lesson

The reviser presented his work firstly to the glory of God and then for the consolation and peace of mind of the victims of Fortune, pre-eminently Böece, whose dialogue with Philosophie concentrates on the necessity to overcome Fortune (1–8). There is an underlying assumption that humans have a right to happiness, despite the ills and woes of this life. Various virtues are evoked: love, pity, and charity (81, 2149), patience (352, 1673, 1806, 4480, 4546), faith, justice, and truth (2150), to name a few, but are not developed as counterweight to the vices, which are mostly attributed to nefarious Fortune. Felicity will be proposed as the goal for which humans should strive.

The reviser clearly asserted Christian faith and morality as defence against Fortune's mutability, to rid humanity of worldliness, and to convince it to aspire to sovereign Felicity in God, as expressed in the prayer to the Father Almighty in Book III, ix: 'Pere qui toute puissance as | Et qui toutez choses creas' (3736–37). At the end of Book III, 12, the reviser inserted his own three verses of conventional affirmation: 'A Dieu ne puet rien contrester | Mes le devons servir et löer. | Ainssi le croy, ainsi le tiens, | Quar il est Sires tout puissans' (3864–67).[37]

In Book IV, 7 (4527–61), the reviser retained Renaut de Louhans's martial image of knights in battle, as a parallel to war against Fortune (*RFF*, 6640–68), adding to the example of the valiant knights of old, that of saints and scholars who sought divine grace (4549–61). A moral lesson follows: worthy vassals must continue to fight in this world to attain heaven (4568–69). The war has

---

[37] Cf. 'A Dieu ne doit riens contrester | Qui veult en sa nature ester' (*RFF*, 5769–70).

been extended to war against sin and vice, the obnoxious ways of the world from which individuals can be saved by leading a good life, turning their eyes skyward, and praying to God, the Trinity, the Blessed Virgin Mary, and all the Saints, to be blessed in heaven with perfect Felicity and Joy (4570-88). In this exhortation the intention of the Prologue is fulfilled and the coherence of the *abrégé* is evident. It is a distinct and complete didactic work of Christian morality.

Un Dit moral contre Fortune as a Boethian Translation

Un Dit moral and the *Roman de Fortune et de Felicité* on which it is based are two distinct translations. Neither the reviser nor Renaut de Louhans, however, reproduced in its totality Boethius's *Consolatio Philosophiae*, as did Jean de Meun and the anonymous authors of the verse-prose translations, who sought to render faithfully its full meaning.

Renaut de Louhans, who borrowed quite extensively from the verse-prose *Boeces: De Consolacion*,[38] wanted firstly to console all who were anxious (Prologue, 4-8), and in particular to strengthen the faith of a lady in distress, and secondly to enhance the pleasure of reading Boethius's examples by adding supplementary narrative and explanatory material.[39] The title, attested in certain fifteenth-century manuscripts,[40] reflects discernment of a literary association, in particular with a major medieval verse genre, the *roman*, which usually combines the pleasure of a story with a moral truth. In both his Prologue and his Epilogue, Renaut de Louhans used the word *romment* to refer to his work: 'un roment sur Böece | Qu'on dit de Consolation' (*RFF*, 5-6; cf. 10, 16; 'cest petit romment' (7892; cf. 7909, 7911, 7913).

The *Dit moral* is therefore based on a translation, containing an individual representation of Boethius's thought and owes very little extra, if anything, to the Latin source text. It might therefore be considered a secondary translation. The reviser pared the exemplary and narrative material, and reduced important philosophical arguments, especially by excising half of Book III, ix,[41] and excluding Book V. He retained imperatives for good living in the here and now, together with conventional entreaties for Christian piety and devotion. Thus he produced a coherent, condensed version of moderate length, presented in literary guise: 'Dez dis Böece vueil conter | C'om dit de Consolacion' (7-8),

---

[38] Atkinson and Cropp, 'Trois traductions', pp. 231-32.
[39] *RFF*, Prologue, vv. 11-14, 41-56.
[40] 'C'est le prologue du romans de Fortune et de Felicité sus Böece de Consolation' (University of Glasgow Library, Hunter MS 439, fol. 1^r); 'C'est le Romant de Boece de Consolation' (Paris, BnF, fr. 1095, fol. 1^v, upper margin); 'Ci commence li premier livre de Fortune et de Felicité extrait de Böece de Consolation' (Paris, BnF, fr. 1102, fol. 'iv' (= fol. 2).
[41] See the Notes on the Text, vv. 3736-67.

and intended for an expanding readership among the laity who read for moral improvement and pleasure. They are addressed near the end as 'biaux seigneurs', who would understand the exhortation for Christian warfare against the power of Fortune (4520–26).[42]

* * * * *

Appendix 1 provides a table showing summarily the textual concordance of the *Roman de Fortune* and *Un Dit moral*, giving for each metre and prose the text references and total number of verses. The *Dit moral* retains the overall proportions of Books I–IV of the *Roman de Fortune*.

Appendix 2 contains for comparison some short passages of Renaut de Louhans's version, with brief commentary. The differences vary: word order, substitution of a word or expression, rewriting of one or more verses, as well as elimination of passages. The echo of Renaut de Louhans's work always remains. The extent of the variations, however, precludes comprehensive verse by verse comparison here.

Versification

The reviser retained the overall versification scheme of the *Roman de Fortune*,[43] but not without certain modifications resulting sometimes from elimination of a verse or from individual choice. The Prologue and Book I consist of octets with eight-syllabled lines, rhyming in the Prologue and I, i and 1: *abababab*, then *abbbccaa* or *aabbaabb* etc. The Prologue to Book II (1073–76) signals that for the sake of clarity a different scheme has been adopted.[44] Accordingly, from II, 1 to the end, the poem is in principle in octosyllabic rhyming couplets. The versification is not, however, perfectly regular throughout. Verses of six, seven, and nine syllables occur from time to time. In some cases a putative octosyllable can be determined by assuming that a final *-e* before a vowel counts. The occasional omission of a verse creates an incomplete rhyme and couplet.

Two pieces imported from other sources are integrated into the work: verses 9–22 of the Prologue,[45] and the explanation of the letters on Philosophie's gown (182–87).[46]

Two other insertions, derived and adapted from the *Roman de Fortune*, have their own metre. The *chantepleure* (1326–60) consists here of twelve octosyllabic

---

[42] This positive interpretation differs from the earlier, less favourable judgements of Dwyer (*Boethian Fictions*, pp. 16, 71) and Atkinson ('A *Dit*', pp. 56, 68). Closer familiarity with the text has led to increased awareness of its integrity.
[43] Atherton, I, pp. 105–11.
[44] Cf. *RFF*, 1593–1602.
[45] Noest, 'A Critical Edition', 11067–76. See above, p. 4.
[46] Atherton, II, p. 307; Cropp, 'Affinities', p. 19. See above, p. 6.

verses, rhyming *aab aab bba bba*, five octosyllabic verses rhyming *aabab*, eight hexasyllabic verses rhyming *abab cbcb*, and ten hexasyllabic verses rhyming *aab aab bb bb*.[47] The *Vers sur la mort* (2536–65) consist here of five sextets of octosyllabic verses rhyming *aab aab ccb ccb* etc., which correspond to strophes 1, 8, 18–20 only of the *Roman de Fortune* (3915–4034).

Despite the occasional lapse, the reviser's versatility is apparent in his handling of Renaut's versification to achieve his own purpose of clarity and concision.

Linguistic Features

1. Vowels

1.1. Graphies of certain vowels

• Alternation of the vowels *o* and *e*, which cannot be attributed simply to scribal carelessness or an unsteady hand: *e* for *o*: *meleste* (471); *segent* for *segont* 'second' (2123), and *en* for the pronoun *on* (2552, 2919, 3668); *o* for *e*: *sons* (340, 3249 (corrected)); *on* for preposition *en* (356, 1722 (corrected)); *maintonant* (1193), *sontence* (2737); *soroit* (2763);[48] *vontrees* (3317); *empeschont* (3357).
• The regular graphy of the radical of the verbs 'baisser', 'laisser' is *e*: *besse*, *bessiez*; *s'abessent* : *lessent* (3277–78). The graphies *laisse* (1117), *laissent* (2922) are isolated.
• Forms of the verb 'faire' appear with the graphies *ai*, but with *e* in pretonic position, *fesoit*, *fesans*.
• The graphy of pretonic *o* alternates between *o* and *ou*: *aourner*, *honnourer*, *mourir*, *tourner*, *seignourie* etc.; *honoree*, *morir*, *seignorie*, *torner* etc.

1.2 Vowels at the rhyme

There are a number of Eastern rhymes in the *Roman de Fortune* of Renaut de Louhans. Originating in Louhans (Saône-et-Loire, East Burgundy), he spent most of his life in the Dominican House at Poligny (Jura, Franche-Comté). It is not surprising then to find a number of rhymes characteristic of the Eastern region. Given that some 95% of the verses of the *Dit moral* are borrowed, these rhymes are not necessarily a sure guide to any specific regional location for the *Dit*.

However, there is one rhyme, characteristic of the Franche-Comté, which the reviser avoided (*aux : as*) and a second Eastern rhyme which he appears

---

[47] Cf. *RFF*, 1867–1904; see Atkinson, 'A *Dit*', pp. 58–59.
[48] See the Notes on the Text, v. 2763.

progressively to abandon (*ose* : *euse*). Nor is there evidence of new rhymes to suggest a Northern or North-Eastern origin.[49] This leads to the supposition that the reviser was from a more central region.

1.2.1 *Elimination of rhymes*

• *aux* : *as*. The series of Eastern rhymes[50] eliminated are those where the loss of a vocalised *l* in the group *al* allows the remaining vowel to rhyme with *a*: *bas* : *egaulx* (RFF, 3913–14) > *bas* : '*helas*' (DM, 2534–35).[51]
In the octets in I, 6, the rhyme pattern in the *Roman de Fortune* is *abababab*. The *a* rhymes in the *Roman de Fortune* (RFF, 1457–64) are *desloyaux* : *haulx* : *faulx* : *pas*; the reviser replaced *pas* with *haulx* (DM, 977–84) and the pattern of alternating rhymes is preserved.

However, in an earlier octet, where the alternate rhymes appear as: *as, ie, principaulx, ie, bas, ie, las, ie* (RFF, 1433–40), the reviser (DM, 953–60) avoided *principaulx* at the rhyme, but at the expense of breaking the pattern of alternate rhymes, which become *aabbabab*.
Only one such 'faulty' rhyme remains in the octets: *compas* : *gouvernaulx* : *faux* : *maux* (DM, 825–32).

• Partial elimination of the rhyme *ose* (< Latin *au*): *euse/ose* (< Latin suffix *osu*)
The rhymes are between *chose*, (*en*)*close* on the one hand, and on the other, adjectives such as *gracïeuse*, *precïeuse* (e.g. 2028–29, 2165–66, 2708–09). The rhyme would be in [u]. These rhymes are attested in Lorraine, East Burgundy, and the Comté.[52] Of the numerous rhymes of this type in the *Roman*, the reviser retained only six, which all occur in Books I and II. In Books III and IV all such rhymes are either in passages that he eliminated, or they are rewritten.

1.2.2 *Features of significant rhymes shared by both texts*

Oral vowels

• *ar* + consonant : *er* + consonant[53]

---

[49] The author of the *Böece de Confort*, who also relied heavily on Renaut's text, consciously avoided more than one of his Eastern rhymes, and introduced features that reveal a Picard author. These matters are explored in Atkinson, 'A Dit', pp. 59–63.
[50] These rhymes are even more specifically characteristic of the Franche-Comté (Édouard Philipon, 'Les parlers de la Comté de Bourgogne aux XIIe et XIVe siècles', *Romania*, 43 (1914), 495–559, §§ 16bis and 38).
[51] The rhyme *casse* : *fausse* (RFF, 6659–60) is avoided by a rewrite of the two verses (DM, 4546–47).
[52] Mildred Kathleen Pope, *From Latin to Modern French* (Manchester: Manchester University Press (1934), revised edition 1952), § 581, E § xxiv, SC § xiv; Jacques Chaurand, *Introduction à la dialectologie française* (Paris: Bordas, 1972), p. 71, 1°; Henri Chatelain, *Recherches sur le vers français au XVe siècle* (Paris, 1907; Geneva: Slatkine, 1974), pp. 15–16.
[53] Édouard Bourciez and Jean Bourciez, *Phonétique française: étude historique* (Paris:

Such rhymes appear first in Eastern dialects, but are quite widespread by the fifteenth century. In both texts the verb *perdre* rhymes with forms of the verbs *garder, regarder* or with substantives such as *part* or *depart*.[54] In the *Dit moral* forms of the verb *perdre* appear frequently as *part* (present indicative 3, vv. 943, 1115 etc.) and *parde* (present subjunctive 3, vv. 1798, 3012, 4541).

- *a : e*

Rhymes between *a* and *e* (< closed *e* in a blocked position) are employed by both authors. Common to both is the sequence of rhymes *place : trasse : Peresse : menasse* (DM, 395-402; RFF, 593-600).[55] The same type of rhyme in the *Roman*, *adresse : trace* (RFF, 5777-78) is replaced by *adresse* (v.) : *adresse* (s.) in the *Dit* (3874-75). Elsewhere the reviser used the rhyme *mattent* (< matter) : *promettent* (3597-98) to replace an approximate rhyme *mentent : promettent* (RFF, 5243-44).

- *ai : e : oi*

The graphies *ai* and *e* may represent *a* + yod or *e* + yod + consonant: *pestre : maistre* (2921-22), *estre : mestre* (2435-36). Similarly for the rhyme *parfecte : souffraite* (3019-20). Rhymes such as that of *couvoite : soffrecte* (2305-06), *droit : destreit* (1440-41), *estrete : parfaite* (3095-96; RFF, *parfaite : estroite* 4689-90) are not exceptional.[56]

- yod + *ata* > *ie*[57]

This occurs particularly in the past participles: *empoignie : seignorie* (193-95), *vie : gaignie* (4458-59, etc.). The form *suhaucie*, 'surhaussé' (1257), unique to the *Dit*, is assured by the syllabic count. The rhyme *mondees : apparaillies* (3119-20) is the result of a rewrite of the rhyme *mondees : parees* (RFF, 4713-14).

- *ices : esses*

delicez : richesses: *nices : lices* (969-76; RFF, 1449-55).

- *iés : ielz*[58]
- *aille : eille*

Such rhymes are characteristic of the East, South-East and South-Centre: *baille : oreile : resveille : merveille* (490-97; RFF, 697-704).[59]

- *eille : uelle*

Such rhymes, where different vowels followed by a palatalised *l* rhyme together,

---

Klincksieck, 1967), § 47, II; Pope, § 496.
[54] In a previous study of these rhymes (Atkinson, 'A *Dit*', p. 60), it was noted that the Picard author of the *Böece de Confort* eliminated all such rhymes, with one exception.
[55] Chatelain (pp. 6-7) sees such rhymes as originating in the East.
[56] Christiane Marchello-Nizia, *La Langue française aux XIVe et XVe siècles* (Paris: Nathan, 1997), p. 77; Chatelain, pp. 7-9.
[57] Reduction of the feminine past participle ending in *-iee* to *-ie* is found in the South-East and the East as well as in the North-East and the North (Charles Théodore Gossen, *Grammaire de l'ancien picard* (Paris: Klincksieck, 1970), § 8).
[58] See the Notes on the Text, vv. 1494-95.
[59] Pope, § 408, 423; E § xxii.

are not uncommon: *merveille : despuelle : fuelle : s'esveille* (609–16; RFF, 1058–65).⁶⁰

• *eur/our; ore > our/eur*

The graphy commonly used in both texts is *our*, alternating with *eur*. Rhymes between *amour* and *saveur, valeur* (450–57, 2638–39, 2668–69) and *paour* (dissyllabic) with *doulour* (3099–100) and *labour* (3650–51) point towards an Eastern origin.⁶¹

• *o : ou*

Besides a rhyme such as *reprouche : roche* (1843–44), this group includes the rhymes *moustre : vostre* (1933–34, 2291–92), *vostre : monstre* (1951–52).⁶²

• *u : ui*

The isolated rhyme *estude : cuide* (1867–68) is retained from the *Roman de Fortune* (2853–54). Reduction of *ui* to *u* is a feature of Eastern dialects.⁶³ Elsewhere, *cuide* rhymes with *vuide*.

Nasal vowels

• *an : en : on*

No distinction is made between the nasal vowels deriving from an *a* + nasal + consonant and *e* + nasal + consonant: *entendre : atrempe : reprendre : grant* (514–20). Furthermore these vowels may rhyme with *o* + nasal + consonant: *demande : monde : seconde : parfonde* (825–32; RFF, 1305–12); similarly *entendre : monde : responde : habunde* (785–92).⁶⁴

• *aine, enne*

Among these rhymes is the word *ancienne* (<*antianu) *: certaine : humaine : vilaine* (633–40) and a variety of graphies for the word 'terrienne': *terrëaine* (2243, 2417), *terrïenne* (2253), *terrïanne* (968). The words *resne* (< *RETINA) and *regne* (REGNUM) rhyme with *paine* and *demaine* (48–55; RFF, 129–36).

• *aindre*

This is the graphy of infinitives *plaindre, contraindre, faindre, taindre* (and their compounds) at vv. 577–84; 1196–97; 1484–85, resulting from an *a* + palatalised *n* + consonant or an *e* + palatalised *n* + consonant.

• *aigne*

The graphy *-aigne* represents the result of *a* + *n* + *yod* and *e* + *n* + *yod* : *empaigne* (< empeindre) *: montaigne* (1835–36); *refraigne : paigne* (< peindre) (2700–01). The exceptions are the graphies of *seigner* 'saigner', and *pigner* 'peigner' (3137).

• *aigne : oigne : ongne*

---

⁶⁰ Chatelain, pp. 59–60.
⁶¹ Pope, § 230, E § xviii; Bourciez, § 72, II (Champagne and Eastern dialects).
⁶² Rhymes well attested by Chatelain, pp. 19–20.
⁶³ Pope, § 517.
⁶⁴ Chatelain (p. 4) notes a limited number of such rhymes in his selection of texts.

ensaigne (<*insignare*)⁶⁵ : *esloigne* (2632–33; *RFF*, 4195–96); *ensaigne* : *besoigne* (3720–21; *RFF*, 5367–38); *esloigne* : *charongne* (4016–17).⁶⁶
- *une* : *onne*

Fortune : *donne* (721–23); *Fortune* : *bonne* (1248–49).⁶⁷
- *ure* : *une*

aventure : *Fortune* (1803–04), *Nature* : *Fortune* (1967–68), juxtapositions repeated from the *Roman*, best interpreted as an assonance.

1.2.3 *Additional rhymes*

There are two rhymes in the *Dit moral* without precedent in the *Roman de Fortune*:
- *er* : *ier*

In rhymes involving infinitives of verbs of conjugation 1, there is a general distinction between those ending in an etymological *er* and those resulting from verbs whose radical ended with a palatalised consonant. There are at least six exceptions to this general observation in the *Dit*: *blasmer* in the set of rhymes (203–10); *suppediter* in the group (411–18); *lessier* : *amasser* (3646–47); *trouver* : *chacier* (3774–75); *besoignier* : *comparer* (4108–09). Similarly the rhyme *changer* : *legier* (1676–77) is unique to the *Dit*.
- *ment/ans* : *iens/ient*

vrayement : *couvient* (1536–37); *vrayment* : *devient* (1821–22); *tiens* : *puissans* (3866–67) are rhymes used by fifteenth-century authors, such as Molinet and Coquillart.⁶⁸

1.2.4 *Imperfect rhymes*

- There are a number of imperfect rhymes: *Grece* : *siege* (4124–25) in the revised verses introducing Book IV, iii; *bonté* : *monde* (3856–57) replaces *habonde* : *monde* (*RFF*, 5747–48) and *verge* : *corrige* (4366–67) replaces *verge* : *sage* (*RFF*, 6479–80).
- In a few instances, assonance is substituted for a rhyme: *passer* : *aler* (3976–77); *terre* : *estre* (1692–93); *forme* : *recorde* (3575–76); *juge* : *mue* (1699–1700); *guise* : *signifie* (2299–2300).
- *donter/doubter*. On three occasions, the reviser (or the scribe) transcribed forms of the verb 'dompter', which appear in the *Roman de Fortune* as *donter/donte*, as *doubter/doubte*. All three occur at the rhyme: *doubte* : *conte* : *monte* (2542–47; *RFF*, 3957–61); *monter* : *doubter* (3216–17); *monte* : *doubte* (3433–34).

---

⁶⁵ The forms of 'enseigner' and its derivatives are spelt with *ai*, with one exception *enseigniéz* (3040).
⁶⁶ Particularly a feature of the Eastern, South-Eastern and South Central regions (Pope, § 408).
⁶⁷ Chatelain (p. 32) notes only one example of this rhyme in his selected texts, in the Burgundian text, *La Passion* (de Semur).
⁶⁸ Chatelain, pp. 1–2.

The rhymes are imperfect, and it is difficult to assign any justifiable meaning to this use of 'douter'.[69]

2. Consonants

2.1 Consonants at the rhyme

• The close parallel between voiced and unvoiced consonants is adequate for the purposes of the rhyme:[70] *bas : compas* (794–96); *siecle : regle* (2034–35); *blanche : sange* (1184–85); *monde : honte* (2064–65). The word *service/servise* rhymes quite regularly in Middle French with words such as *guise*.[71] Such rhymes are common to both texts.

• Preconsonantal 'r' is frequently silent at the rhyme: *clamer : armer* (2247–48); *muert : puet* (2521–22); *charmes : armes* 'âmes' (4138–39). In the case of *estre : teste* (1717–18) and *estre : beste* (3401–02), there is an apocope of the *r* after the dental consonant.[72]

• In the case of rhymes involving nasal vowels followed by consonant + *r*, the following sequence: *respondre : nombre : encore : encombre* (419–25), corresponds to RFF *respondre : nombre : encontre : encombre* (625–31).[73]

• Equivalence of nasal consonants in feminine rhymes is common to both texts: *fortunes : amertumes* (1725–26); *gouverne : terme* (2722–23); *crime : digne* (4432–33).

• For silent *l* and *s* at the rhyme, see below Graphies, *l*, *s*.

2.2 Graphies

• Latinising graphies based on a presumed Latin etymology are frequent:[74] *doubter* and associated words;[75] *soubz*; *obscure* and *oscure*. In the case of forms of the verb 'dire', the feminine past participle appears as *dicte(s)* and *dite*; the present indicative 5 as *dictez* (1204) and *dites*. There is one example of *advenir* (4257), but *avenir*, *avient* elsewhere. A latinising *p* occurs in the following forms: *amptonne* (629), *doupte* (2098), *desrompt* (2932), *escripture* (passim), *temptacion* (4012).

---

[69] See the Notes on the Text, vv. 2542–43.
[70] Marchello-Nizia defines this feature as primarily Northern, with some occurrences in the Centre (p. 114). The frequency of this feature in the *Roman de Fortune*, and its acceptance by the reviser suggest more widespread usage. See also Chatelain, p. 49.
[71] Marchello-Nizia, p. 114.
[72] Chatelain, p. 55.
[73] For a list of consonant groups at the rhyme after nasal vowels in fifteenth-century texts, see Chatelain, pp. 42–45.
[74] Marchello-Nizia, p. 115; Stéphanie Brazeau and Serge Lusignan, 'Jalon pour une histoire de l'orthographie française au XIVe siècle: l'usage des consonnes quiescentes à la chancellerie royale', *Romania*, 122 (2004), 444–67.
[75] Exceptionally *doupte* (2098).

INTRODUCTION   21

- The *c* in front of *t* is silent: *dicte* : *petite* (2405, 3365, 3607); *parfecte* : *souffraite* (3019).
- Fluctuation in the use of a glide consonant *d* in verbal forms: *tenra, venra, devendroit* (4334), *engendrent; defaulroit, voulroit; vouldroit*. The lack of such glide consonants is common in the Picard, Walloon, Lorraine, Burgundian and Comtois regions.[76]
- Occasional graphy of final *g*: *ung* (954, 1708, 2206).
- The graphy of initial velar *g* is normally *gu-*; the exceptions are: *gaires* 'guère' (2981);[77] *garir* 'guérir' (503); *garrison* 'guérison' (1048); *garredon* 'guerdon' (2493).[78]
- *j* is the graphy of the post-alveolar voiced constrictive [ʒ] in the word *chamjable* 'changeable' (4113). The same sound is represented by 'g' in an intervocalic position followed by *a, o*: *changoit* (159), *changable* (1307), *sargant* (3146), *vengance* (3911).
- Occasional use of a Latin initial *h*: *habiter, honneur, honourer, hostel*.
- An unetymological 'h' appears occasionally in words such as *habonder, hoster* 'ôter'.
- The present indicative 3 of *avoir* appears once as *ha* (3410); the past participle of 'ébahir' as *hebahis* (4258).
- *h* is used to separate vowels in hiatus: *m'ebahissoie (255), hebahis* (4258).
- A conservative and latinising *l* occurs occasionally in words such as *assault, doulz, eulz, fault, faulz, foulz, hault, moult, oultre, vuelt, voult*,[79] *vault*.
- The effacement of a velarised or palatalised *l* after a vowel and before a consonant is characteristic of the Picard dialect and of the Eastern region.[80] Rhymes of the type *prés* : *temporelz* (2030-31; *RFF*, 3107-08); *espris* : *perilz* (2515-16; *RFF*, 3893-94); *folz* : *enclos* (2473-74; *RFF*, 3819-20); *vuelt* : *puet* (4410-11; *RFF*, 6523-24) are common to both texts.
- Vocalisation of *l*: *tout* for *tolt* (< tollir) (1215, 1267); *desquieux* (335), but *desquelz* (2448).
- The graphy of the word 'faiblesse' appears as both *flebesse* (93, 286) and *foiblesse* (4010). The adjectival form is regularly *foible* with one example of *feble* (3274).
- Fluctuation of *l* and *r*: *merencolie* (2884 etc.), *melancolie* (223, 227).
- Palatalised *n* is represented by the graphies 'gn', 'ngn', 'ign' with one exception: *poignent* : *joynent* (2377-78), cf. *anjoignent* : *esloignent* (2280-81).
- Silent *s* before *pr, t, tr* : *triste* : *despite* (1137-38); *droit* : *croist* (2157-58); *estre* : *destre* : *senestre* : *septre* (188-195); *estre* : *vespre* (1546-47), *vespre* : *nestre* (2949-

---

[76] Pope, N § xiii and E § viii; Gossen, § 61.
[77] *guerres* (2119).
[78] *guerredonner* (4190); *guerredonné* (4347).
[79] *Voult* functions also as a present indicative 3 (1926, 3660).
[80] Gossen, § 5, 2; Pope, § 391 and E § xx; Marchello-Nizia, p. 105.

50).⁸¹ The word 'tristesse' appears as both *tritesse* (1084, 1108) and *tristesse* (89, etc.).

• An unetymological *s* appears twice in the adverb 'hautement': *haustement* (129, 1121) and in the substantive *voysle* (1278).
• Alternation of the graphies *s* and *c* representing interchangeably the sound [s], particularly in an initial position.⁸²
• The letters *s* and *ch* may represent an expected [ʃ] or [s] respectively: *sange* for 'change' (1185, 1243, 1478); *desirre* for 'deschire' (2932 etc.); *chergens* for 'sergens' (2030).
• Alternation of *s* and *z*, affecting particularly past participles of first conjugation verbs, persons 2 and 5 verb endings, and some substantival and adjectival endings.⁸³

3. Morphology and Syntax

3.1 Traces of the declension system

• Masculine singular with *-s*: *Böeces* (2379); *uns homs* (1632) etc; masculine plural without *-s*: *li felon* (3922) etc.; feminine singular subject: *charnalitéz : felicitéz* (3281–82).

3.2 Demonstratives

• Masculine demonstrative adjectives: the forms of *cest* appear slightly more frequently than the forms of *cil*.⁸⁴ *Cestui* occurs twice (10, 2034) and *cesti* once (1727).
• There are just five examples of the *cil* series as a masculine singular adjective: as subject case *cilz tyrans* (2369), *cilz deliz* (3283), *cilz pouoir* (4010); as object case: *cel estat* (3714), *celui port* (927).
• The use of *ce* is confined almost exclusively to qualifying the words *monde* and *bien*.
• The feminine demonstrative adjective is predominantly represented by *ceste*, but in eleven examples *celle* is used adjectivally.⁸⁵ In one example the plural form replaces *ces/cez*: *celles cincz choses* (2862).
• In the pronominal function, the masculine forms *cil(z)*, *celui*, *ceux* predominate. The object case is *celui*, with the exception of preposition + *cestui* (445, 2725, 3464). The masculine plural subject case appears most frequently as *ceux*, with

---

⁸¹ Chatelain, p. 42 and p. 47.
⁸² Pope, § 722. See below, Editing, p. 27.
⁸³ See below, Editing, pp. 26–7.
⁸⁴ The shift towards the *cist* forms as adjectival in function and the *cil* forms as pronominal is clearly evident towards the end of the fourteenth century; see Marchello-Nizia, pp. 152–53.
⁸⁵ Marchello-Nizia, pp. 154–55. The word *dame* is qualified exclusively by *celle*.

three examples each of the older plural forms *cil* (427, 1190, 3406) and *cilz* (3075, 3189, 3193). It is context which establishes opposition between 'this' and 'that': *Cilz est bons et cilz ne l'est mie* (4283).
• The feminine pronoun is *celle* (2106 etc.); *ceste* occurs in three instances, one isolated (2963), and two where their function is oppositional: *Qui diroit de toute personne | Ceste est mauvese et ceste est bonne?* (4271).

3.3 Epicene Adjectives

Epicene forms of certain adjectives alternate in the feminine with forms ending in -*e*. Choices may have been determined by the metre.
• *Tel*. Both forms occur: *tel tristesse* (289), *tel guise* (2407), *tele maladie* (875). Unusually, the older forms with vocalisation of *l* appear: *tyeux* masculine singular (2269) and *tieux* feminine plural (2294).[86]
• *Quel*. While the epicene forms are the most common,[87] there are some fifteen examples of the use of *quelle*, of which three create hypermetric verses (203, 787, 3601).
• *Fort*, *grant*. There are isolated examples of *forte* and *grande*, forms absent from the *Roman de Fortune*.
• The epicene forms of *naturel* (2782) and *mortel* (475 etc.) are used; exceptionally, *cruelle* (640) and *charnele* (3367) appear, both creating hypermetric verses.

3.4 Personal Pronouns

• The form *ilz* appears six times as a singular personal pronoun; see the Rejected Readings: 1704, 2365, 3235, 3253, 3265, 3497.[88] It is curious to note that three of these examples occur in the proximity of the masculine singular demonstrative pronoun *cilz*.
• *Leur* is twice used in a tonic position after a preposition with the value of *eux* or *elles*:[89] *valeur : en leur* 'en eux' (1775–76; *RFF*, 2757–58); [*valeur*] : *en leur* 'en elles' (1965–66; *RFF*, 2961–62). In several instances of *leur* in this function in the *Roman*, the reviser replaced them by *eulz* (210, 3939).

3.5 Possessives

• In the singular, the forms of the possessive pronouns and adjectives are *mien*, *tien*, *sien*; exceptionally *la seue armonie* (1351).

---
[86] Pierre Fouché, *Phonétique historique du français* (Paris: Klincksieck, 1952–61), II, p. 334.
[87] *quelz denrrees* 2018, *quelz distinccions* 4134 etc.
[88] Marchello-Nizia notes the use of *ilz* as a singular neuter form (p. 223).
[89] This usage is characteristic of the East and East-Centre (Geneviève Hasenohr, *Introduction à l'ancien français de Raynaud de Lage*, 2e édition, revue et corrigée (Paris: SEDES, 2006), p. 73, § 80).

24   INTRODUCTION

- Fluctuation in the use of *leur* or *leurs* as a possessive adjective with plural substantives.

3.6 Relative Pronouns

- The older relative *cuy* occurs twice (546, 3269); elsewhere, *a cui* (992 etc.), *a qui* (483 etc.).
- Omission of the demonstrative *ce* in front of a neuter relative *que* (491, 1151, 1191, 1493, 4153–54, 4294).[90] It is possible that *ques que* (1456) is the equivalent of *que ce que*, avoiding an ambivalent *que que*.

3.7 Preposition

- The preposition *pour*, 'by, by means of', is used as an equivalent of 'par' (217, 251, 494, 2037, 2430, 3439, 3449).[91]

3.8 Conjunctions

- *Pour ce que* expresses both purpose (3012, 3732) and cause (289, 486, 1230, 2088, 2133, 2563, 2612, 3002, 3163, 4459).
- For the cases of *que + il* and *se + il*, reduced to *qui*, *si*, see Editing, p. 27.

3.9 Verbs

- The present indicative 1 of first conjugation -*er* verbs ends in -*e*: *doubte* (830), *prie* (3071 etc.). Exception: *pry* (3567, 4549), older forms assuring the measure of the verse.[92]
- The present indicative 1 of verbs of the second and third conjugations is regularly without -*s*: *croy* (809), *doy* (1421), *met* (396), *say* (889), *tien* (1447), *vien* (1408), *voy* (583); exceptionally *respons* (523).
- The second person singular imperative of verbs of the second and third conjugations is regularly without -*s*: *enten* (647), *fai* (1052), *met* (709), *repren* (642) etc.; exceptionally *respons* (901).
- The endings -*aye* and -*aies* of the conditional tense of 'avoir', *auraye* (224), *auraies* (338) are exceptional. These graphies could be seen as a feature of the South-Centre.[93]
- There are examples of imperfect subjunctive 3 endings -*at*, -*it*, -*ut*: *retourna[s]t* (2156), *pardi[s]t* (3998), *peü[s]t* (3167, 4000). This absence of *s* (and of the inverse,

---

[90] Hasenohr, p. 103, § 127.
[91] Philippe Ménard, *Manuel du français du Moyen Âge*, 1, *Syntaxe de l'ancien français* (Bordeaux: Sobodi, 1973), p. 289, § 335.
[92] Pierre Fouché, *Le Verbe français: étude morphologique* (Paris: Klincksieck, 1967), p. 182.
[93] Pope, SC § 1325, iv.

INTRODUCTION   25

with the addition of an inorganic s) occurs in other thirteenth- to fifteenth-century texts.[94]

• The imperfect subjunctive 3 of 'estre' appears as both *feust* (156, 3003) and *fust* (3047, 3974); *fust* also represents the past indicative 3 (130, 2574, 2730).

3.10 Particular forms:

• avoir: present indicative 3 *ha* (3410); the radical of the future and conditional tenses is *aur-* with three exceptions: *aroies* (337), *aras* (712), *aront* (1643); past indicative 3: *ot* (146 etc.), *out* (2726, 2728, 3479); 6: *orent* (1190).
• corre, 'courir': present indicative 3 *queurt* 1836, 1852, 2549, 3231; present indicative 6 *aqueurent* 2289; graphies found regularly in texts of the thirteenth to fifteenth centuries.[95]
• estre: two examples of the etymological future 3: *yert* (572); and at the rhyme, *quiert : yert* (2393–94).
• faire: present indicative 1: generally *fais* (1375 etc.); but *foys* (785), *fois* (825).
• savoir: present indicative 2: *sois* (3873).
• suivre: past participle *poursegus* (513) corresponds to *poursuiguz* (RFF 592, 720). The resolution of an intervocalic *qu* to a voiced velar occlusive *g* is consistent with East Burgundian usage.[96] It is interesting to note that the scribe of the *Dit* employs *suigant*, a present participle (1411), independently of the text of the *Roman* or of any of its variants consulted.[97] Cf. *segent* 'second' (2123).
• voloir: present indicative 1: *vueil* (7 etc.), *vuel* (1276); 2: *vuelz* (1454 etc.), *veuelez* 4219; 3: *vuelt* (1661 etc.), *voult* (1926, 3660); past indicative 3: *voult* (389, 1684, 1693, 3167).

4. Vocabulary

The Glossary contains most terms of which the meaning might be unfamiliar. The Table of Proper Names includes personifications and other proper nouns in the text. Specifically philosophical terms do not appear. Most words are of common usage. Discrepancies in spelling are, however, quite frequent. The Notes on the Text explain a few lexemes: *chantepleure* (1325–26), *deffier* (565), *ensson* (1837), *heraudie* (437), *mielz* (1495), *noctue* (4204), *tolereux* (2562), and

---

[94] *Hervis de Mes: chanson de geste anonyme (début du XIIIe siècle)*, ed. by Jean-Charles Herbin (Geneva: Droz, 1992), p. liii; *fu* and *fut* are both forms of the past and of the imperfect subjunctive. The same phenomenon occurs in texts written by the Picard scribe Alixandre Dannes; see *Placides et Timéo; ou, Li secrés as philosophes*, ed. by Claude Alexandre Thomasset (Geneva: Droz, 1980), p. xciii.
[95] Fouché, *Le Verbe*, p. 49.
[96] É. Philipon, 'Les parlers du Duché de Bourgogne', *Romania*, 19 (1910), 476–531 (p. 531).
[97] *Car il me vont suigant de pres*; cf. *RFF*, 1961: *Car il me vont tousjours aprés*.

the locution *le char tourner* (3160). A few individual particularities are listed in the Glossary: *egaire* for *egale* (161). The main lexical forms attested in the text are described and classified above, in the section Linguistic Features. The *Dictionnaire du moyen français* (*DMF 2015*), <http://www.atilf.fr/dmf>, ATILF/CNRS — Université de Lorraine, has been extensively consulted.

Editing

The text of the manuscript has been retained as fully as possible. Rejected readings are provided. Punctuation, separation of words, and the use of initial capitals for abstract nouns are the editors'. Divisions marked in the manuscript have been retained. The conventional demarcations have also been provided by the editors to indicate correspondence with both the *Consolatio Philosophiae* and the *Roman de Fortune*. Appendix 1 is a table comparing the length of sections in the two translations.

For the transcription of the text, the principles set out by M. Roques, then by A. Foulet and M. Speer, and recently revised by P. Bourgain and F. Vielliard[98] have been adopted, especially with regard to accents, the cedilla, the resolution of *i* and *u* in consonant function into *j* and *v*. In the case of the verb *pouoir*, the advice of O. Jodogne has been followed.[99] Abbreviations have been resolved, taking into account forms spelt out in full, and with awareness of the copyist's lack of consistency in spelling. The recommendations of Foulet and Speer guided the addition of dieresis, which is used with restraint. The final -*e* before a word beginning with a vowel may or may not count as a syllable and is not necessarily marked with a dieresis when it does count. When a verse is inserted from the *Roman de Fortune* to complete meaning and/or the rhyme scheme, it is enclosed in square brackets.

Editorial intervention has taken into account the copyist's usage and spelling elsewhere in the manuscript. The alternation of *s* and *z* appears frequently, for example in the spellings *Philosophie* and *Philozophie*, where, when expanding an abbreviated form of the word, the spelling of the nearest occurrence has been adopted. Where the endings -*es* and -*ez* denote tonic forms, as in plural past participles, second person plural verbs and some substantival and adjectival

---

[98] Mario Roques, 'Établissement de règles pratiques pour l'édition des anciens textes français et provençaux: Société des anciens textes français: compte rendu de la séance tenue à Paris les 18 et 19 octobre 1925', *Romania*, 52 (1926), 242–56; Alfred Foulet and Mary Blakely Speer, *On Editing Old French Texts* (Lawrence: Regents Press of Kansas, 1979); Pascale Bourgain and Françoise Vielliard, *Conseils pour l'édition des textes médiévaux*, III, *Textes littéraires* (Paris: Éditions du CTHS, École Nationale des Chartes, 2002).

[99] Omer Jodogne, '*povoir* ou *pouoir*? Le cas phonétique de l'ancien verbe *pouoir*', *Travaux de linguistique et de littérature*, 4.1, *Mélanges de linguistique et de philologie romanes offerts à Monseigneur Pierre Gardette* (Strasbourg: Klincksieck, 1966), 257–66; Marchello-Nizia, pp. 277–78.

occurrences, they are printed as -*és* and -*éz* to distinguish them from other plurals and the second person singular of some verbs. The accented forms *prés* and *préz* distinguish the substantive *pré* from the preposition *pres, prez*.

Two particular characteristics of the manuscript have prompted some emendations of spelling in order to rationalise and clarify the text for readers. Somewhat erratically the copyist varied spellings with *c* and *s*, usually in initial position. This caused confusion of the monosyllables *ce* and *se*, *ces* and *ses*, *cil* and *s'il*, *c'est* and *s'est*. In the following lines amendments have been made from *ce* to *se*: 1006, 1398, 2474, 2725, 2878, 3252, 3435, 3793, 3942, 4071, 4096; *ces/cez* to *ses/sez*: 2351, 3482, 3942; *c'est* to *s'est*: 97, 134, 147, 262; *celle* to *s'elle*: 738, 2390; *celon* to *selon* 4179; *cil* to *s'il*: 1910, 4002; *cilz* to *s'ilz*: 2941, 3198; *cy* to *sy*: 281; *sa* to *ça*: 363, 2412; *se* to *ce*: 206, 325, 357, 420, 1005, 1220, 1429, 3143, 3677 4148; *ses* to *ces*: 1608, 2936, 3603, 4188; *sil* to *cil*: 4059, 4367; *si* to *s'il*: 3638.

The copyist also occasionally reduced *que* + *il* to *qui*, which is represented by *qu'i* in the edition: 141, 142, 485, 522, 754, 1262, 1394, 1453, 1585, 1797, 2059, 2077, 3088, 3235, 3656, 3730, 4092, 4102, 4367, 4369, 4389, 4411, 4498 etc. Similarly *s'i* represents *si* for *se* + *il*: e.g. 1807, 4333.

Un Dit moral contre Fortune
Critical Edition

Prologue

Pour le Tout Poissant honnourer
Et magnifier son haut nom
Et pour cuer humain conforter
Et hoster de toute turbacion, 4
Contre Fortune au cuer amer,
Mere de toute affliccion,
Dez dis Böece vueil conter
C'om dit de Consolacion. 8

Cilz qui bien estudieroit
Cestui livre a grant diligence,
Fortune point ne priseroit,
Ne en luy ne mectroit son esperance. 12
Quant d'umains bien habunderoit,
Touz diz vivroit en grant doubtance,
Et quant souffreteux en seroit
Tout porteroit en pacience. 16

Son cuer en Dieu reposeroit
En qui ne puet estre muance,
Et tous diz en luy trouveroit
Planté de biens et habundance, 20
Ainssi que mestier luy seroit,
Selon la divine ordonnance,
Et ja de biens ne defaulroit,
Mais en auroit grant pourveance. 24

De Böece est rayson que die
Aucune chose a sa gloire,
Selon que dit l'ystoire:
Philozophe, plain de clergie 28
Et tout conseil digne de croyre,
Sage, honneste, et de bonne vie. [fol. 1ᵛ]
Tousjours avoit Dieu en memoire.

Löer devonz Dieu et cest homme 32
Qui nous a fait telle escripture

---
12 N'en en luy
17 Mon cuer

Ou de vertus avons la somme
Et de bien vivre la mesure.
Löer devonz le lieu de Romme 36
Ou il a prins sa noureture,
Qui fist present d'un tel preudomme
A toute humaine creature.

Avint quant par grant excellence 40
De prudence et de bonté,
Dieu, qui les preudommes avance,
L'ot en ce monde haut monté.
Ot moult sez voisins seurmonté 44
Et en richesse et en puissance,
Mes Fortune par sa muance
A bien po ne l'a ahonté.

Elle, qui tout son tempz se paine 48
Comment ce qu'elle a fait defface,
A Böece tourna sa resne
Qui tant forment avoit en grace.
Tant le mena par son demaine 52
Que luy moustra sa noire face
Par envie, qui tousjours regne
Et qui les preudommes menace.

N'est homme ou monde, tant soit fort, 56
Sage, soutil, malicïeux,
Qui trovast souffisant emport
Contre la langue d'envïeux.
Tant fu le message de mort 60
Contre Böece inniquiteux;
De Romme fu banny a tort [fol. 2ʳ]
Et devint povre et souffreteux.

[S]a fortune qui fu müee 64
Le desconforta durement;
Mais sa raison enluminee
Le reconforta doucement.
Lors proposa en sa penssee 68
Faire a nostre ensaignement
Aucune chose de duree.
Or öyés le conmencement!

I, m. i
Chançons et diz soloie faire 72
De toutez joyes et de douceurs;
Encore m'y voulsissent atraire

---

42 Dieu les
56 Cest h.

De science les douces fleurs.
Mais contrains suy tout au contraire
Et a faire plaintes et pleurs;
Par misere ne me puis taire
De plaindre mez tristes douleurs.

Las, puis que compaignie e[s]t morte,
Amour, pitié et charité,
Rien ne compaigne ne conforte
Ceux qui sont en adversité.
Une chose l'omme conforte
En estat de grant povreté,
Car la science c'om porte
Ne faut pas en neccessité.

Venu ma bonne compaignie,
En ma douleur, en ma tristesse,
La science trez seignourie,
Qu'aprins en ma verde jennesse,
Confort m'a fait et courtoisie;
Quant je pensse a ma flebesse [fol. 2ᵛ]
Et a ma dolereuse vie,
A mon cuer ay tres grant tristesse.

Je sui or viellars par semblance,
Viellesse en moy s'est tost hastee;
Tristeur, douleur et desplesance,
La villesse m'ont amenee.
Elle m'a seurpris dez m'enfance,
N'a pas attendu sa journee.
Folz est celui qui y met sa fiance
En chose si trestot müee.

La teste, qui estoit aournee
De cheveux blondz et menus,
Est maintenant toute pelee
Et les cheveux sont tous chanus;
Ma pel tendant et saoulee,
Quant lors estoie ayse tenus,
Est orendroit roide et ridee
Avant que le tempz en soit venus.

On devoit moult la mort prisier
Qui auroit ceste proprieté,
Car, quant uns homs se puet aysier
Et est en grant prosperité,
Elle le souffrist soulacier.
Mez quant il vient en povreté

---

109 estoien

Et il ne se puet plus aydier,
Sy l'ostast de chetiveté.

Helas! Ce ne fait elle mie, 120
Ce n'est pas sa propre maniere;
Car quant uns homs en ceste vie
Vit en douleur et en misere [fol. 3ʳ]
Et il l'apelle et deprie, 124
Lors a en despit sa priere;
En ce apert sa felonnie
Quant en point l'a trait arriere.

Quant Fortune m'estoit privee 128
Et me maintenoit haustement,
Ma vie fust a pou finee,
Car la mort vient sanz mandement.
Mez quant ma fortune m'est müee 132
Et m'a deceü faussement,
Adonc s'est tantost arrestee
Et a prins jour d'avisement.

Fortune n'a point de tenue; 136
Folz est qui en elle se fieroit;
Il auroit bien rayson perdue
Qui de elle point se vanteroit.
Il apert bien en ma veüe 140
Qui plus haut monte qu'i ne doit,
De plus haut chiet qu'i ne vouldroit.

I, pr. 1
Quant je estoie en ceste penssee
Adonc me vint en vision 144
Une belle dame paree
Qui de moy ot compassion.
Devers ma teste s'est tournee
Sy m'a fait consolacion. 148
Or öez comme est fassonnee
Et toute sa condicion:

Sa face estoit moult plantureuse
Et de grant reverence plaine; 152
Biaux yeux avoit seur toute chose,
Ardans et clers comme fontaine; [fol. 3ᵛ]
Sa couleur vive et viguereuse
Ja soit ce que feust ancienne; 156
Sa longueur n'estoit certaine;

Souvent se diversifioit
Et souvent changoit figure;
Aucune fois petite estoit, 160

Egaire a humaine nature;
Aucune fois le ciel touchoit
Et tant estendoit sa mesure
Que l'autre foiz ou ciel montoit   164
Et passoit toute creature.

La robe dont estoit vestue
Et dont elle s'estoit paree
Estoit de matiere menue,   168
Mez forte estoit et de duree;
A ses deux mains l'avoit tissue
Et tres soutillement ouvree;
Neglitenment estoit tenuee,   172
Tout sembleoit ymage enfumee.

Dessoubs avoit une escripture
Qui nostre .P. signifioit;
Dessus estoit .T. en figure,   176
Selon ce que le grec disoit;
Du long estoit une brodure
Qui de .P. jusqu'a .T. montoit;
Mez moult y avoit de roupture   180
Que violence fait avoit.

.P. signifie vie active,
Que on dit laborïeuse,
Et .T. vie contemplative   184
Que on puet dire glorïeuse.
On vient a la comtemplative,
De ce fu elle bien songneuse. [fol. 4ʳ]

Cilz qui bien vouloit vestu estre   188
De sa robe prenoit partie.
Livres tenoit en sa main destre
Pour cognoistre la grant clergie;
D'autre part, en sa main senestre   192
Avoit roidement empoignie
La verge royal et le septre
Qui nous moustroit sa seignerie.

Quant elle vit la Muserie   196
Qui estoit en ma chambre entree
Et que de grant compaignie
Estoit ma couche avironnee,
Et comme femme forsenee,   200
Les yeux tornant par felonnie,
A ma mesnie arrasonnee:

---

170 Asses

'Ha, dieux! dist elle, quelle mesnie!
Helas, moult fort sont a blasmer,   204
Qui soufert ont telle compaignie
Vers ce malade aprochier!
Foles sont et de male vie,
Ne sont pas dignes d'y touchier.   208
Il empire sa maladie
Qui par eulz se quiert alegier.

Douces sont au commencement
Pour les cuers des hommes actraire;   212
Au premier parlent doucement,
Mes en aprés font le contraire.
Venin portent couvertement
Dessoubs la face debonnaire;   216
Pour leur serïeux sentement
Hommes font de rayson retraire.' [fol. 4^v]

E[t] lors se tourna vers Museries
Et leur dit en ceste sentence: 220
'Se vouz par vos losengeries
Un homme rude, sanz science
Traiez a vos melancoliez,
J'auraye moins de desplesance.   224
Mais vos fais et vos vilonnies
Perdre me font ma pacience.

Vous mectez en melancolie
Et prez de desesperacion   228
Un homme qui toute sa vie
A mis toute s'entencion
En science et en clergie;
Certes c'est grant decepcion.   232
Nostre paine seroit bleciee
Qui creroit vostre ficcion.

Alés vous en, dames Siraines,
Qui chantez or si doucement!   236
Car les chançonz sont trop villaines
Et plaines de decevement;
Devers la fin sont toutez vaines
Et belles au commencement;   240
Je luy diray chançons certaines
Qui lui donront alegement.'

Quant elles blasmer s'oÿrent,
Sy furent moult desconfortees;   244
De leur desconfort semblance firent,

---

212 Pour les hommes

Vers terre se sont enclinees;
De vergoigne toutes rougirent
Et leur faces furent müees; 248
Tres tantost de la chambre yssirent, [fol. 5ʳ]
A grant douleur s'en sont alees.

Pour le plourer que fait avoie
Estoit ja ma veue troublee, 252
Sy que cognoistre ne pouoie
Celle sage dame houneree.
De sa beauté m'ebahissoie
Et de sa teste couronnee; 256
En taysant tousjours attendoie
Quelle seroit la destinee.

Lors aprés le departement
De celle fole compaignie, 260
La dame vint tres docement
Et de mon lit s'est aprochie;
Regarda mon contenement
Et me vit en merancolie, 264
Cy dit cez vers piteusement
En complaignant ma maladie:

I, m. ii
'Certainement c'est grant laidure,
Quant sy tres noble creature, 268
Faite de sy noble matiere
Est troublee par telle maniere
Qu'il a cognoissance trez brune
Par la desiree Fortune 272
Qui lui a osté sa lumiere
Et fait traÿson arriere.

Fortune est moult desmesuree
Qui Nature a sy bestournee 276
Par erreur et par ygnorance
Et sa soudaine muance
A cest homme, qui sa penssee [fol. 5ᵛ]
A adéz ou ciel ordennee, 280
Mais en sy tres grant nompuissance
Qu'il n'a mez de nouz cognoissance.

Lasse, moy! Ce n'est pas Böece,
De grant vertu, de grant noblesse, 284
Qui la fleur d'entendement porte;
N'est pas cheüs en tel flebesse
Cilz qui touz autres reconfortoit.
Mes d'ore d'ire me deporte. 288
Pour ce qu'il est en tel tristesse,

Rayson est que je le supporte.

Je sui certaine que il erre
Par Fortune qui fort l'ensserre. 292
Fortune doit bien estre dite,
Quant en forcener se delite,
Et contre nouz a tousjours guerre,
Et tout encline vers la terre 296
Un homme de si haut merite,
Par forcenerie subite.'

I, pr. 2
Quant madame Philo[so]phie
Ot complaint par rime piteuse 300
La cause de ma maladie
Et de ma vie doulereuse,
Sy regarda toute ma vie
Et vit bien que je avoie enclose 304
En mon cuer grant merencolie
Qui cause estoit de ceste chose.

Adonc me print en sa cure
Et me dist de elle cognoissance: 308
'N'es tu pas cilz qui nourreture
As prins en nous et souffizance? [fol. 6ʳ]
Lé te donnasmes par mesure,
Quant te norrismes en enfance; 312
Et aprés viandes plus dures
Qui tout donne force et puissance.

Armes si t'estoient donnees
D'entendement, senz et langage, 316
Lesquelz, diligemment gardees,
Gardent tout homme de domage.
Mes elles te sont eschappees
Par ta folie et ton outrage; 320
Et pour ce que s'en sont alees,
Paier te couvient le musage.

Se pouoies a vraye doctrine
Et ton regart a bien torner, 324
Ce seroit une medicine,
Qui santé te pouroit donner.
Mais l'amour du bien qui tost fine
Fait ton cuer ainssy bertorner, 328
Que Raison qui tout enlumine
Ne lesses en toy atourner.

Nous te hosterons ygnorance
Qui te tient on si grant douleur, 332

Et te dirons sa souffisance
Des biens mortelz et la valeur,
Dezquieux, se tu as congnoissance
Sanz fausseté et sans erreur, 336
Tu les aroies en mesprisance
Et n'y auraies ja saveur.'

I, m. iii, pr. 3
La clarté si me fu rendue
Et mez sons retornés a point 340
Vers celle dame de value [fol. 6ᵛ]
En qui de fausseté n'a point.
Sy luy dis: 'Maistresse honoree,
Quel cause t'amaine et t'atrait 344
En ceste deserte valee
Ou je sueffre sanz mon meffait?'

'Böece, ne soys merveilleux,
Se tu as a souffrir en ce monde, 348
Car il est trop perilleux
Et ordoie plus qu'il ne monde.
Cilz est or moult delicïeux,
En qui pacience n'abonde, 352
Quant vent qui est impetueux
De la grant mer fait movoir l'onde.

Se pour verité et droyture,
Tu as a souffrir on ce monde, 356
Ce n'est pas nouvelle aventure;
Ancienneté si nouz raconte
Qu'envïeux a tele nature
Contre celui qui le seurmonte, 360
Qu'adés met son tempz et sa cure
A faire a tout homme honte.

Il fu un tempz ça en arriere,
Devant nostre sage Platon, 364
Une gent de fole maniere
Qui aouroient par decepcion
Le haut soleil et la lumiere
Et de dieu leur donnoient le nom; 368
Et perseveroient leur maniere
Contre droit et contre rayson.

Anaxagoras les blasma
Et leur prova par raison fine [fol. 7ʳ] 372
Que le soleil n'a ne ja n'aura
Toute la puissance divine.
Et la fole gent se courrouça
Et mesprisa nostre doctrine; 376

Anaxagoras essilla
A tout tempz et a tout termine.

Aucunes gens furent aprés,
Quant le sage Platon vivoit 380
Et le tres puissant Socrates
Qui ses mestres esté avoit,
Sy folz et si mal atrempés
Que chascun pluseurs dieux creoit; 384
Es boys, es yaux, es champs, es préz,
A chascun nom de dieu donnoit.

Socrates les cuida reprendre
Et a rayson faire venir; 388
La fole gent se voult deffendre
Et la folie maintenir;
Celle gent sy le fist tost prendre
Et le fist en prison mourir, 392
Car cilz qui veult a bien entendre,
Il a souvent moult a souffrir.

Ces exemples sont anciens
Que je met maintenant en place, 396
Mez nouz trouvons des plus prochains
Dezquelz encore appert la trasse;
Que les perecheux et les vains
Tient en paix madame Peresse; 400
Mais qui a bien faire met les mains,
Envie tantost le menasse. [fol. 7ᵛ]

Encore est il memoire d'omme
Qui vit dez sages en l'asemblee, 404
Qui par les envïeux de Romme
Fu dechacee et defoulee.
Concluons tout en une somme:
En ceste deserte valee, 408
Quiconques veult estre preudom[m]e,
Il n'aura ja paix ne duree.

Encor ne te dois merveillier
Se mauvais te porte envie 412
Et së il te font travaillier
Et fuïr de leur compaignie;
Car sage ne doit rien prisier
Ceux qui sont de mauvaise vie, 416
Qui veullent tout suppediter
Par bobant et par felonnie.

---

385 Et

Se tu nouz veuls dire et respondre
Ce que dit Sal[e]mons le sage: 420
"Dez mauvais il est moult grant nombre,
Et ont dez maux faire l'usage",
Nouz te disons tantost encore
Que ce n'est pas leur avantage; 424
Leur mauvecié si les encombre
Et en la fin leur vient domage.

Cil qui en chastel assegé sont
Et environné tout entour, 428
Refugent les biens que il ont
Et les ratraient en la tour;
Car plus seürement y sont
Leur apparail et leur atour, 432
Quant a ceux qui anemy sont [fol. 8ʳ]
Ne puet donner autre tour.

Il avient, que que on die,
Que tout on ne puet recuillir, 436
Ains remaint queque heraudie
Dont grans maux ne puet pas venir.
Les mauvais felons, plains de envie,
S'ocupent en ce retenir, 440
Quant plus par leur grant felonnie
Aux autres ne puet pas mal venir.

La tour ou nous devons tuit repaire
Est Dieu tres puissant et trez haut; 444
Dever[s] cestui devons tuit retraire
Quant adversité nous assaut;
Confort fait celuy qui l'aore,
Et qui le dessert et qui le vaut; 448
Autre deffence ne te vault.

En luy doit tout cuer reposer,
Ta foy, t'esperance, et t'amour;
Lesse les mauvés occupéz 452
Es biens qui n'ont point de valeur;
Chier leur couvenra comparer
Les grans richesses et l'onneur
Et les delis du corps plourer 456
Qui lour ont or si grant saveur.

I, m. iv
Fortune meine a sa devise
Celuy qui l'ayme et en l'embrasse;

---

422 Ce sont
446 assant

Par paour et par couvoitise 460
Luy fait souvent müer la face.
Mes cilz qui Fortune mesprise
Et qui ne doubte sa menace,
Il est tousjours en une guise, [fol. 8ᵛ] 464
Que que Fortune et exploit face.

Et pour ce, qui mener vouldroit
Vie ordonnee et honneste
Et Fortune resgarderoit, 468
Qui onquez en un point n'areste,
En pacience porteroit
Toute vilonnie et meleste;
Ja ne se desconforteroit 472
Ne feu, ne foudre, ne tempeste.

Couvoitise de grant avoir
Dez biens de ceste mortel vie
Et paour de defaute avoir 476
Donnent aux tirans seignourie;
Qui voulroit faire son devoir,
Qu'a ces deux n'eüst compaignie;
Ja tyrans ne pourroit savoir 480
Dont il feïst tyrannie.

Mes cilz que couvoitise abat,
A qui elle trouble la veue,
Et paour d'autre part l'abat, 484
N'a en soy force ne tenue.
Pour ce qu'i n'a constant estat,
Quant sa fortune se remue,
Il est tantost vaincu et mat 488
Et sa pacience perdue.

I, pr. 4
Entens tu ce que je te baille
Et que je te dy clerement?
Ne soies asnes qui tend l'oreile 492
Au doulz son de l'instrument!
Le son pour le ton le resveille,
Mez il ne sent autrement; [fol. 9ʳ]
De la douceur, ne se merveille, 496
Ne n'y met son entendement.

Plorer pou te proffitera;
De plourer te couvient tenir,
Et le vray dire convenra 500
Et a ton propos revenir.
Phisiciens ja ne pourra
Homme malade bien garir,

Se la maladie qu'il a
Ne veult dire et bien descouvrir.'

Quant je m'oÿ blasmer si fort
De ce que je estoie sy mus,
De parler fiz tout mon effort
Et reprins force et vertus;
Lors descouvry mon desconfort
Et parlay comme esmeüs:
'Telz paroles ne font confort
A homme qui est poursegus.

Helas! Quant je fesoie entendre
Que ainssy que le firmament
Le cours des estoilles atrempe,
Aussi le mauvais movement
De la char doit rayson reprendre,
Je estoie en estat haut et grant
Bannis et chassiéz tres villement.

Se tu me diz que par raison
Qui plus haut monte qu'i ne doit
Il chiet aprés, je te respons
Et si met cy avant ton droit:
Que as par la bouche Platon
Dit en sentence qu'il feroit [fol. 9ᵛ]
Tres bon amer le b[i]en commun
Et que sages gouverner doit.

Car quans fols, plains de inniquités,
Sont en grans dignitéz venus
Et sont Gouverneurs es citéz,
De grans pueples et de menus,
Bien commun est a mal getéz
Et ne sont pas a droit tenus;
Preudommes y sont degettéz
Et dechaciéz et vilz tenus.

Pour ce Platon raconte et dit
Ce que ly daignas ensaignier:
Que onquez sages ne se mesfit,
Se il a voulu seignorier
Pour bien, et pour commun profit
Faire garder et pourchasser;
Et pour ce c'on n'ait en despit
Les bons que l'en doit essaucier.

---

512 T telz
514 fesoient

Je appele Dieu en tesmoignage,
Dieu cuy l'en ne puet rien celer,
Que onquez volenté ne courage
N'ay eu d'autruy gouverner 548
Pour moy ne pour mon avantage,
Mez pour le bien commun garder;
Et que mauvés par son courage
Ne peut le bon confouler. 552

J'ay esté souvent en desconfort
Contre lez plus grans de l'empire,
Quant je ay veu que le plus fort
Vouloit fouler et despire [fol. 10ʳ] 556
Le foible a pechié et a tort
Et ne fiz force de leur yre;
Tousjours ay fait mon effort
De droit garder et de droit dire. 560

Je suy accuséz par envie
Et de mon païs essilliéz
Par tesmoins de mauvese vie;
Povres gens fait faux tesmoigner 564
Et povreté l'omme deffie
Qui par droit sont a refuser,
Mais ennemis ont de ma vie
Et de faux drois le fait user. 568

Les mauvais ont grant volenté
Des bons grever et de mal faire,
Car mauvaitié a a bonté
Tousjours esté et yert contraire. 572
Mes Dieux qui voit la volenté
Les devroit bien forment retraire
D'acomplir leur iniquité
Des bons grever et de mal faire. 576

Il m'est ore avis que je voie
Les preudommes de mal refraindre,
Les mauvais mener feste et joye
Que l'en devroit a bien contraindre; 580
Ce que chascun mauvais forvoie
Franchement me fait le cuer taindre;
Je n'y voy de remede voie.
Sy m'en couvient a Dieu complaindre: 584

---

563 maviese
575 imiquité
581 Ce chascun

I, m. v
O Createur du firmament
Et de choses crëables, [fol. 10ᵛ]
Qui te siez seur ton movement
En ton haut siege pardurable. 588
Le ciel tournez ysnelement
Et muez toutez chosez movable;
Estoilles variablement
Mües selon ta loy estable. 592

Ordonné as par loy certaine
Toutez les choses de ce monde:
La lune du soleil loingtaine
Est sanz tourner toute ronde; 596
Adonc est elle toute plaine
Et sa lumiere toute habunde,
Mez quant du soleil est prochaine
Couvient que sa clarté absconde. 600

La lune, selon t'ordonnance,
A sa maniere desguisee,
A[u]cun tempz luit par excellence
Devers le soir a la vespree; 604
Autre fois le soleil devance
Le matin, a l'aube du jour;
Entre tout le ciel n'a muance
Qui par toy ne soit ordonnee; 608

Le soleil sa vertu retrait
Et le jour descroit a merveille,
Quant le tempz ver[s] l'yver se trait
Qui les arbrez vestus despeuelle; 612
En esté le jour ont grant trait,
Et ly arbrë ont prins fuelle,
La nuit a tantost son cours fait,
Car le soleil matin s'esveille. [fol. 11ʳ] 616

Tu fais selon ta volenté
En l'an quatre divisions:
Printempz, antopne, yver, esté,
Qui ont diverses condicions; 620
Leur diverses proprietés
Fait en terre mutacions
Et moustrent grant diversités
A humaines complexions. 624

Par toy fait le doulz Zephirus,
En praintempz, feulles retorner

---

600 clardé

Et arbres qui estoient ferus
De la bise du tempz de yver;
En amptonne appert Arturus
Quant on doit lez formens semer;
En esté l'estoille Syrus
Quant le tempz vient de moyssonner.

Tu gouvernes tout par mesure
Et selon ta loy ancienne;
Tu creas toute creature
Et ordonnes a fin certaine.
Pourquoy de si noble creature,
Comme est creature humaine,
A Fortune as lessié la cure
Qui est si cruelle et si vilaine?

Ha, Sire, change ta maniere
Et repren le gouvernement!
Que Fortune soit mise arriere
Qui nous maine si malement!
Ly preudomme sont mis arriere,
Mauvais sont assis hautement;
Sire, enten ceste priere
Et nouz gouverne autrement! [fol. 11ᵛ]

Aujourd'uy regne mauvetie
Et est mestresse souvraine;
Bonté, vertu, et sainte vie
Sont entré en male sepmaine;
Les mauvais font la vilanie
Et les bons emportent la paine;
Barat, mençonge, et tricherie
Sont gouverneur et chevetaine.

Quant le mauvais est haut assis
Et par menssonges essauciés,
Neiz les grans seigneurs du païs
Veult il mectre desoubz les piés.
Tes hommes sommes et telz filz,
Regarde nouz en pitié,
Fortune nous a souprins
Et confoulé et dechacié.

Fortune forment se desguise
Et change son gouvernement;
Maintenant abat et debrise
Celuy que tenoit hautement.
Sire, pour Dieu, ne nouz desprise,

---

627 estoient serus

Mais nouz fay vivre establement
Et nouz gouverne en ta franchise
Sy qu'en toy preignons finement!' 672

I, pr. 5
Quant j'eu complaint ma maladie
Et dit toute ma volenté,
Ma maistresse Philozophie
Me dit en debonnaireté: 676
'Ta tristesse nous signifie
Et nouz demoustre en verité
Que ta raison est essillee [fol. 12ʳ]
Et mise a grant chetiveté. 680

Essilliéz n'est pas celui qui est fort
Quant adversité l'eperonne;
Car par rayson ly fait emport
Pacience, qui l'avironne. 684
Mez cilz qui prent de desconfort
Plus que droite rayson ne donne,
Essilliéz est non pas a tort,
Car sa rayson le desraisonne. 688

A rayson nostre propre terre
Ou nouz devons vivre et morir;
Soit tempz de paix ou de guerre,
Tousjours devon rayson tenir. 692
Cilz qui trespasse rayson erre
Et ne scet a luy revenir;
Hors de son païs la va querre
Et fait desrayson tenir. 696

Toutevoye, que que je die,
N'est pas essilliéz proprement;
Car exillier nouz signifie
Violance et contraignement; 700
Se ta rayson est forvoiee,
Ce n'est pas par commandement
De Dieu ne de sa seignourie,
Mes par ton deffaut seullement. 704

Car Dieu qui gouverne Nature
En essillier n'a pas delit;
Ains ayme humaine creature
Et son honneur et son profit. 708
Et pour ce met en luy ta cure
Et les biens mondains en despit, [fol. 12ᵛ]

---

710 les mondains

Et par soi[s]tié et par droiture
De ton exil aras respit.   712

[R]omulus a Romme avoit
Une tele loy donné jadis
Que qui cytoiens en seroit
Ne pourroit estre forbanis;   716
Ainssi li bons qui rayson croit,
Et qui a en Dieu son cuer mys,
En quelque terre que il soit,
Il est tousjours en son païs.   720

Tu te complains moult de Fortune,
Qui jugement a sy vilain;
Aux preudommes sa paille donne
Et aux mauvais donne le grain;   724
Aux uns touz sez biens habandonne,
Les autres fait mourir de fain;
A nul homme ne s'araysonne
Ne ne garde terme certain.   728

Aussi te plains du Tout Puissant,
Qui sy a Fortune eslevee,
Mais je plain tout desconfort grant
Qui tout gouverne maintenant,   732
Sans de nul estre refrenee,
Qui t'a mué ton estat grant,
Dont ta douleur est grevee
Et ta rayson qui est troublee.   736

Maladie tant agrevee,
S'elle garit, c'est a tort;
Merencolie enracinee
Legierement ne se depart.   740
Medicine qui est donnee [fol. 13ʳ]
A homme qui tel mal apart,
Se au coumencement n'est sanee,
Ne fait a blasmer nulle part.   744

L'en doit bien au commencement
Les remedes legiers tenir
Et puis aprés tout bellement
Aux remedes plus fors venir;   748
Malades ne puet autrement
De cuer ne de corpz revenir;
Le tempz donne ensaignement
Comment l'en ce doit maintenir.   752

---

718 En qui
737 t. m'a agrevee

I, m. vi
Car quant le soleil est en Chancre
O plus haut point qu'i pue[t] monter,
Qui art tout de chaut et destrampe,
Qui son froment vouldroit semer 756
Grans moissons ne devroit pas prendre.
Et pour ce n'est pas bon trop se haster;
Un chascun doit le temps actendre
Qui est couvenable pour ouvrer. 760

Qui la violecte d'esté
Quiert en yver parmy le boiz
Quant la bise a fort venté
Et le vent va menant les noiz, 764
A bon maistre n'a pas esté;
De Nature ne scet les loys,
Qui donne selon verité
Aux choses leur tempz et leur moys. 768

Cilz qui veult boire bon vin
Fort et de bonne nourreture
Ne doit pas cuillir le resin
Tant comme il est en sa verdure; [fol. 13ᵛ] 772
Car ce qui est fait trop matin
Contre l'ordre de Nature
Ne portera ja en la fin
Proffit a nulle creature. 776

Se fort remede te donnoie
A ce premier commencement,
Trop tot je te desrëeroie,
Car tu es malades griément; 780
Sy est bien drois que te pourvoie;
Comencier vueil legierement
Pour amener a ton cuer joye
Et toy donner avisement. 784

I, pr. 6
Je te foys premier a entendre
O une petite question:
Quelle chose gouverne le monde?
Est ce Fortune ou Rayson?' 788
'Veulz tu, dist il, je te responde
Brïement selon m'entencion?
Dieu, ou toute rayson habunde,
L'a en sa disposicion. 792

En tout le monde n'a muance,

---

789 dist je

Ou ciel en haut, n'en terre bas,
Qui n'ait sa droite ordonance
Et qui n'ait son certain compas; 796
Le soleil son cours në avance,
La lune ne change son pas;
Tout a fait a juste balance
Le grant Sire, qui n'erre pas. 800

Tel ordonnance ne puet estre
Euvre de cas ne de Fortune,
Car trop souvent change son estre; [fol. 14ʳ]
Fortune n'est une fois une; 804
Or est destre, or est senestre,
Or est blanche et puis est brune;
Elle ne puet ja si belle nestre
Qu'elle n'ait tantost tache aucune. 808

Et pour ce je croy fermement
Et ay creü toute ma vie
Que Dieu si est en son firmament
Et du monde a la seignourie 812
Par rayson et entendement;
A moult bien s'euvre appareillie;
Tout est en son conmandement,
En son dit, et en sa baillie.' 816

'Böece, certes tu dis voir,
Ce doit estre en ta penssee;
Mes grant merveille pues avoir
Comment rayson est point troublee 820
En homme de si grant savoir,
De memoire bien ordonnee;
Ne puis la cause encor veoir,
Tant est forment enracinee. 824

Pour ce te fois une demande,
Que tu dis que a certain compas
Dieu gouverne le cours du monde;
Or me dy par quelz gouvernaux?' 828
'A ceste demande seconde
Je me doubte de dire faux,
Car la matiere est moult parfonde;
Car mençonge est un grans maux.' 832

'Je voy, dist elle, en verité
Que en toy deffaut aucune chose, [fol. 14ᵛ]
Pour quoy te tient en vanité
Penssee merencolieuse; 836
Quar quant se ront la fermeté
Dont la mayson doit estre close,

Tel maison n'est pas seürté
Car la roupture est perileuse. 840

La fermeté qui clorre doit
Le cuer d'omme, et la penssee
Est rayson gouvernee a droit
Et qui de rien në est troublee; 844
Car se la rayson se troubloit,
La fermeté seroit cassee;
Ainssi la penssee seroit
Malade et desconfortee. 848

Encor te vueil je demander:
Qui est la fin de creature
Que nous devonz tous desirer
Et vers lui tendre par nature?' 852
'J'en ay ouÿ, dit il, parler,
Mais la memoire plus ne dure,
Car trestout me fait oublier
A[n]goisse qui me desmesure.' 856

'Comment, dist elle, ce puet faire?
Je ne le puis bien entendre
Que tu aies perdu memoire
De la fin ou devons tendre, 860
Car ceste parole est voire
Que Dieu qu'a tout fait sanz reprendre
Est la fin ou nous devons traire
De lui cognoistre et comprendre. 864

[T'as dessus fait recognoissance]
Que Dieux siet en son firmament [fol. 15^r]
Qui tout fait a juste balance,
Par rayson et entendement, 868
Puis que sont d'une sustance
La fin et le conmencement,
Dont te vient ore tel ynorance
Ne en quel maniere ne comment. 872

Toutevoie, que que je die,
L'en puet bien veoir don ce vient,
Car yre est tele maladie
Que quant le cuer de l'omme tient, 876
Sa memoire est obscurcie,
Mes de toute part ne se tient;

---

857 Homme
865 omitted, supplied from *RFF* (1345) to complete the strophe
866 repeated as last line of fol. 14^v and first line of fol. 15^r

Pour ce aucune chose oublie
Et aucunes choses retient. 880

Une question te feray,
Assez legiere et gracïeuse,
De quoy je te demanderay
Se tu es homme ou autre chose?' 884

'A ce, dist il, je te responderay:
La question n'est pas doubteuse.
Se je te disoie "je ne say",
Ce seroit chose merveilleuse. 888
Quant je say tout pour certainement
Que j'ay en moy nature humaine,
Dez choses soubz le firmament
La plus noble et la plus souveraine. 892
Se je penssoie autrement,
Ma penssee seroit bien vaine;
Pour ce le dy hardïement [fol. 15^v]
Que je say que c'est chose certaine.' 896

'Bien as, dist elle, remenbrance
Que tu es noble creature,
Car tu l'as aprins dez t'enfance
Et tousjours y as mis ta cure. 900
Or me respons a la doubtance
D'une question plus oscure:
Quelle est homs en sa substance
Et selon sa propre nature?' 904

'A ce, dist il, je te respons,
Car de ce bien me souvient:
Homs est chose qui a rayson
Et que en la fin mourir couvient; 908
La mort a en luy sa sayson,
Nulle chose ne l'en retient,
Son sepulcre et sa mayson
De la dont jamais ne revient.' 912

'Or voy je, dist Philosophie,
A ce que me recognois,
La cause de ta maladie,
Que tu ne senz ne ne voiz; 916
Tu cognois bien la mortel vie,
Autre chose n'y aparçois
Car oublié as ta clargie
Et sy scez mains que tu ne dois. 920

---

895 hardiemement
916 ne te voiz

De tele nature est la mort
Que la vertu d'omme sourmonte;
Contre elle n'a point de confort, [fol. 16ʳ]
De ce n'ay vergoigne ne honte. 924
Riche, povre, foble, et fort,
Emp[er]eur, ne roy, ne conte,
Touz couvient tendre a celui port
Et de touz fais rendre le conte. 928

Mez ja soit ce que mort assaille
Le corps qui tent a pourreture,
Ne cuide nul que l'ame faille
Qui tant est noble creature; 932
Car Dieu qui telle ame baille
L'a fait a sa propre figure;
Pour ce couvient qu'autrement aylle,
Car touz temps vivra par nature. 936

Ou monde sont aucun musart
Qui moult folement se deportent;
L'ame mourir quant du corps part
Cuident, et ce moult les confortent. 940
Le monde les atise et art
De aquerre les biens qu'il portent,
Et quant aucun d'eulz les part,
Moult durement s'en desconfortent. 944

Mes se ilz en l'autre vie penssoient,
Les biens presens po priseroient
Et po y auroient de savour;
Qui a biens de plus grans valeur 948
De lez perdre ne moustreroient
Signe de mal ne de douleur;
Ains tout adés s'efforceroient
De venir a l'autre douceur. 952

C'est doncquez du mal que tu as [fol. 16ᵛ]
Ung des plus principaux cas
Qui te tient en melancolie,
Que ne cognois l'autre vie; 956
Pour ce que [en] ce monde bas
Tu n'as les biens en ta ballie,
Tu te tiens pour chetiz et mas
Et essilliéz de Rommenie. 960

L'autre chose t'estuet entendre
Pour oster ce qui mal te maine
Et pour clerement faire entendre
Qu'est la fin de nature humaine. 964
Qui pourroit ceste fin comprendre

Qui est dez autres souveraine,
Plus ne devroit vouloir aprendre
Chose mortel ne terrïanne. 968

Se tu savoies les delicez
Et lez biens qui en ceste fin sont,
Tu priseroies pou richesses
Et les biens que les mondains ont, 972
Mez diroies que ceux sont nices
Qui cuer y mettent sy parfont
Que quant ilz partent de leur lices
Au cuer grant angoisses leur font. 976

Les mauvaiz et les desloyaux,
Qui ont du mondë assez,
Tu diz qu'il sont puissans et haux
Et les tiens pour beneürés; 980
Mes ce jugement est moult faux,
Car qui de Dieu n'est améz,
Eureux n'est mie ne haulx; [fol. 17ʳ]
Ne doit estre puissans clamés. 984

Cause de ce faux jugement
Sy est que tu ne sez entendre
Que Dieu est la fin proprement
Que nous devons trestous entendre. 988
Car cilz qui est commencement
Et qui tout a fait sanz reprendre,
C'est la droite fin seulement
A cui nouz devons tretuit tendre. 992

La tierce cause dont te deulz
Et dont ta rayson est troublee,
Si est car entendre ne pues
De la chose, qui est cree[e], 996
Par quelz gouvernaux Diex la muet
Ne comment elle est gouvernee;
Fortune fait ce que elle vuelt
Des hommes selon ta penssee. 1000

Le gouvernal nostre Seigneur,
Qui le monde gouverner doit,
C'est la bonté et la valeur
Que tes entendemens ne voyt; 1004
Ce seroit ja moult grant erreur
Se Fortune nouz gouvernoit;
La bonté nostre Gouverneur

---
972 que mondains
992 t. entendre

Pour rien souffrir ne le pourroit. 1008

Ces causes sont grans et villainez
Et si sont de moult grant desconfort
Aux cuers des gens qui sont mondaines
Et qui n'ont en Dieu leur ressort; 1012
Car quant d'aucunes sont prochaines,
Se il n'a secours et confort,
Elles ly sont causes certaines
De maladie et de mort. [fol. 17ᵛ] 1016

Mes je rens graces et mercis
De cuer et de grant volenté,
A Dieu, le Roy de paradis
Qui est mestre de toute santé; 1020
Quant il t'a donné et aprins
Par sa valeur, par sa bonté,
Un ensaignement de haut pris
Dont te revenra ta clarté. 1024

Tu dis bien, selon ta penssee,
Que Dieu a le gouvernement
De toute chose cree[e]
Fors que de homme seulement; 1028
Le premier est chose provee,
L'autre vient de faux jugement
Car Fortune, la desmesuree,
Gouverneroit trop asprement. 1032

Tu recognois bien en partie
De nostre Seigneur la puissance,
Car tu dis qu'il a seignorie
Au moins sur aucune substance; 1036
De ceste petite clergie
Te revenra la cognoissance
De Dieu, de toy, de l'autre vie,
Dont as maintenant ygnorance. 1040

Mes premier je te diray voir:
Encore n'est il pas saison
De medicine fort avoir
Car trop est au bas ta rayson; 1044
Yre t'a tolue ton savoir
Et la clarté de ta moyson,
Et pour ce ne pues tu veoir
La voye de ta garison. [fol. 18ʳ] 1048

I, m. vii
Se tu veulz aler droite voye
Et faire jugemens certains,

Oste de toy ce qui grever doie
Et fai des cuers des hommes vains:
Le premier a nom fauce joye,
Que les gens ont des biens mondains,
Qui lez cuers de rayson forvoie
Et ne fait pas jugemens sains.

La seconde chose qui muet
Est tritesse, la desmesuree;
Quant tritesse le cuer esmuet,
La rayson est toute troublee,
Et pour ce, qui bien juger vuelt
Et avoir rayson ordonnee,
Oste tritesse, së il puet,
De son cuer et de sa penssee.

La tierche est fole esperance
Que l'en a de la mortel vie;
La quarte paour et doubtance
De perdre cë ou l'en se fye.
Quant ces quatre ont la puissance
Sur homme et la seignourie,
La rayson pert sa cognoissance
Et la memoire tout oublie.'

Prologue
Quant rime est faite legiere,
La sentence en est plus clere
Et en est trop plus entendant;
Pour ce vueil je rimer autrement.

II, pr. 1
Aprés ce que Philo[so]phie
Out dit de son vouloir partie,
Un pou se tait et puis parole,
Car selon commune parole
De trop parler et d'estre mus [fol. 18ᵛ]
Puet l'en bien estre folz tenus.
'Je voy, dist ellë a Böece,
La cause de ta grant tritesse;
Fortune te fut ja courtoise,
Or t'a lessé, dont te poise;
Si t'est semblant que soit changie,
Car plus ne senz sa courtoysie.
C'est un monstre plain d'ire
Qui les cuers des hommes dessire,
Car quant elle donne habundance,
L'on n'y treuve point souffisance;

1092 souffrance

Ainz tousjours plus les cuers atise
Par avarice et couvoitise;
Et quant elle arriere se tire,
Les hommes fait tenir de rire, 1096
Car quant elle se met au bas,
Elle se fait crier: "helas!".
Telle est Fortune forcenee;
Pour cë est monstre apellee, 1100
Car rien devant elle ne demeure,
Ainz degaste tout et deveure.
Elle se monstre debonnaire
A ceux que elle veult a soy traire 1104
Et que elle entent a decevoir;
Car comme il ont plus dë avoir
Au commencement et d'autesse,
Tant les met en plus grant tritesse 1108
Aprés en son departement,
Qu'elle fait despour[v]üement.
Qui cognoistroit bien sa nature,
En elle ne metroit pas sa cure; 1112
Car ses biens n'ont pas la valeur
Quë il monstrent en leur couleur; [fol. 19ʳ]
Et pour ce cilz qui ces biens part,
Quant sa fortune se depart 1116
Et lui laisse la bourse vuide,
Ne pert pas tant comme l'en cuide.
Car neïz ta grant seignourie
Quant Fortune t'estoit amie 1120
Et te maintenoit haustement,
Tu ne dis oncquez autrement.
Ains as souvent prouvé et dit
Que l'en doit tenir a despit 1124
Fortunë et les biens mondains,
Car il sont decevans et vains;
Et le senz de ceste parole
As tu aprins en nostre escole. 1128
Et pour ce, se tu as en despit
Fortune quant elle te rit
Et te moustre sa belle face,
Qui est toute plaine de falace, 1132
Il ne te doit pas moult desplaire
S'elle te veult arriere traire
Et se elle te moustre le dos;
Car cilz est sanz rayson et folz 1136
Qui se moustre dolent et triste

1113 sa v.
1117 Et lui la b.

Quant il part ce qu'il despite.

Toutevoie, pourtant te excuse,
Car cuer de homme het et refuse   1140
Toute mutacion soudaine
Et ne le ressoit pas sanz paine;
Pour ce te complains durement,
Car Fortune soudainement   1144
A müé ta condicion [fol. 19ᵛ]
Sanz ta deliberacion.

Or est de toy dire en chant
Temps couvenable et avenant.   1148
Or sus, madame Retorique,
Et vouz, damoysele Musique,
Moustrés nous que vous savez faire!
Faitez chose qui puisse plaire   1152
A cest homme desconforté.'

Retorique, qui bel parole,
A tantost prinse la parole
Et a parlé mout sagement: 1156
'Biau sire, ditez moy comment
Et pourquoy vouz blamés Fortune!
Je vouz monstre rayson commune
Et assés legiere a entendre   1160
Que vouz ne la devez reprendre
De chose que elle vers vous mesfait.
Vous savez, nulz ne se mesfait
Quant il fait ce quë il doit faire.   1164
Fortune est touzjours deputaire:
Aux uns donne argent et robe
Et puis apréz si les desrobe;
A l'un moustre sa belle face   1168
Et puis luy joue de fallace;
C'est adés sa propre maniere,
Or est devant, or est derriere.
Se vous l'avez bien regardee,   1172
Elle a sa nature gardee
Et a fait ce qu'elle doit faire;
Pour ce ne vous doit tant desplaire.
Maintenant avez esprouvé   1176
Ce que souvent avez trouvé [fol. 20ʳ]
Es livres de philosophie;
Car n'y a que loberie
En Fortunë, en cez ouvrages.   1180
Et pour ce ly fait deux visages

1156 mont

Le paintres en sa pourtraiture:
　　　Le darriere a coleur obscure,
　　　Et le premier a couleur blanche, 1184
　　　Car Fortune souvent se sange;
　　　Aucune fois fait biau visage
　　　Et puis fait paier le musage;
　　　Quant plus se müe et se debat, 1188
　　　Lors garde elle mieux son estat.
　　　Cil qui n'orent oncquez contraire
　　　Ne sevent pa[s] que elle [s]cet faire;
　　　Il ne la cognoissent pas toute. 1192
　　　Mez maintonant il n'est pas doubte,
　　　Vous vëez ce qu'elle fait;
　　　Se ceste maniere vous plait,
　　　Vous ne vouz devez de elle plaindre, 1196
　　　Et si ne vous devez complaindre
　　　De l'estat ou elle vous tient;
　　　Prenez en gré si comme il vient:
　　　Se elle vouz donne habundance, 1200
　　　N'y mettez pas vostre esperance;
　　　Et s'elle fait autrement,
　　　Passez vous en courtoysement.

　　　Se vous dictez par aventure 1204
　　　Que la maniere et la nature
　　　De Fortune ne vouz plaist point,
　　　Car elle ne se tient pas en un point,
　　　Vous la devez doncquez despire, 1208
　　　Vueille plourer ou vueille ryre; [fol. 20ᵛ]
　　　S'elle vouz rit, ne vous en chaille,
　　　Ne se son noir visage baille.
　　　Quant une donne habundance, 1212
　　　L'en ne puet estre sanz doubtance,
　　　Car ce que elle met huy en la main
　　　Elle le tout tout lendemain;
　　　Mes Fortune pou vouz baille, 1216
　　　Vouz ne la doubtez une maille;
　　　Pour ce, povreté par rayson
　　　Aucune fois a la sayson.

　　　Apréz, ce vous moustrés, biau frere, 1220
　　　Que l'en ne doit avoir chïere
　　　Ne dire que soit precïeuse
　　　La Fortune plantureuse,
　　　Car ne la puet maintenir; 1224
　　　Et veonz tousjours avenir

1218 Pour povreté

Car elle lesse le cuer amer;
Pourquoy l'en la doit mains amer
Aprés quant elle se depart, 1228
Ou soit a tost, ou soit a tart.
Et pour ce que c'est sa coustume,
Douleur de cuer et amertume
Donne tousjours devers la fin 1232
Que qu'elle face le matin;
L'en ne la doit pas clamer bonne,
Car adés en la fin mal donne;
Et la bonté de toute chose 1236
Est tousjours en la fin enclose:
L'en ne doit pas tant seulement
Esgarder le comencement,
Mez doit l'en a bonne fin tendre 1240
Qui se veult garder de mesprendre. [fol. 21ʳ]
Fortune aucune foiz losange
Et puis apréz tantost se sange;
Ne vous devez point courrecier, 1244
Quant Fortune vëez changer.

Encore vous mous[tr]ay, biau sire,
Que ne pouez ne devez dire
Que la sentence de Fortune 1248
Ne soit raysonnable ne bonne;
Car sentence qui est donnee
Selon les loys de la contree
Et des coustumez du païs 1252
Est bonne, si com m'est avis.
Ainssi les loys dame Fortune,
Sont que, quant a aucune
Personne de sa propre terre 1256
A suhaucie, tantost l'aterre;
Aucune fois a l'autre baille
Et le met haut, et puis ly fait taille.
Et vous devez bien estre certains 1260
Que cil qui ayme bien mondains
Plus qu'i ne doit et a oultrage
A Fortune a fait hommage,
Et est lors ses homs devenus. 1264
Et pour ce est pour fols tenus
Se courtoisement ne la sueffre
Quant elle tout et quant elle euffre.
Qui vouldroit a sa roe tenir 1268
Et garder d'aler et venir,
Il vouldroit trestout le contraire

1235 la mal

De ce que Fortune soit faire;
Fortune va, Fortune vient,
Nulle chose ne la retient; [fol. 21ᵛ]   1272
Quant elle l'a mys en sa teste
Pour roy, ne pour duc ne s'areste;
Et pour ce ce que faire vuel   1276
Paciaument suffrir l'estuet.
Cilz qui en mer lieve sa voysle,
Que soutilment ovréz de toyle,
Il se met ou gouvernement   1280
Et de la bise et du vent;
Et pour ce ly couvient actendre
La ou ly vens le veult emprendre;
C'est la cousteme de la mer.   1284
Aussi qui veult son champ semer
De blé pour en avoir planté,
Il n'est pas en sa volenté;
Et pour ce, quant deffaut y vient,   1288
Pacience y couvient avoir.
Pourtant le dy, biaux douz amys,
A Fortune este[z] soubzmis
Et vous estez mis simplement   1292
Du tout en son gouvernement;
Et pour ce vouz couvient souffrir
Et son aler et son venir.
Qui vouldroit Fortune arrester   1296
Et tousjours en un point ester,
Qui se tourne plus que la roe,
L'en luy devroit faire la moe;
Quar se tant ne quant s'arrestoit   1300
Fortune ditte ne seroit.'

II, m. i
Aprés le parler Retorique,
Chanta damoysele Musique
Une chançon moult avenant,   1304
Et a dit ainssi en son chant:
'Fortune est moult orgueleuse, [fol. 22ʳ]
Changable et impetueuse,
Sy que d'estre en un lieu n'a cure,   1308
Ouvrer veult selon sa nature,
Car ceux qui estoient en honneur
Met souvent en grant deshonneur;
Riches abat, povres met haut,   1312
De roy ne de duc ne luy chaut;
Ne de leur douleur ne fait force,

1287 pas en pas en sa v.

Mes lors de rire miex s'efforce,
Quant elle fait trez fort plorer 1316
Ceux qu'elle soloit honnourer.
Qui cognoistroit trez bien sa vie
Ce n'est rien fors que moquerie;
Quant elle puet homme trouver 1320
Qui en elle se veult bien fyer,
En po d'eure luy fait merveille;
Mez sanz grant tempz et sanz grant veille,
En un moment et en po de eure, 1324
Lui fait venir la chantepleure.

La chantepleure se commence
Par bemol, et puis par muance
De bemol descent en bequarre. 1328
Fortunë est sanz ordonnance,
Celui que met haut et avance,
Lendemain giette par terre.
Plus bel chant ne ly faut querre 1332
S'elle gardoit sa premiere erre
Ce ne seroit mie sa dance;
Car Fortune si fort aterre
Celuy a qui elle prant guerre 1336
Que de relever n'a puissance. [fol. 22ᵛ]

Hé, Fortune poissant et fort,
Quant de jouer fait poissant effort
Sez gieux sont doux et son chant mol 1340
Et fait du povre riche et fort
Et fait de bequarre en bemol.

Fortunë aux uns chante
A grant voix et haute; 1344
Avec les autres chante
Un petit plus basset;
Chieux les autres s'avise
Et va le plain passet; 1348
Mes ellë a sa guise
Qu'adés chante a fausset.
Car la seue armonie
A po de melodie; 1352
Plus fait plorer que rire
Quant premier est oÿe.
Le folz par sa folie
S'en rit et s'en remire, 1356
Mez aprés tel l'atire
Que tout la remplit de yre,

1327 et puis et puis par m.

Car son doux chant sy tire
Que le cuer ly dessire.' 1360

Cy a parlé Philozophie
Courtoisement sans villenie
Tout premier selon Rethorique
Et puis aprés selon Musique. 1364

II, pr. 2
Or veult parler dame Fortune
Et moustrer par rayson commune
Que Böece qui tant se plaint
Sanz rayson de lui se complaint 1368
Et sanz cause tant se debrise [fol. 23ʳ]
Et parle bel en ceste guise:

'Homs, diz moy pourquoy te complains
Et pourquoy de moy tu te plains! 1372
Je ne say rayson ne pourquoy
E[t] chascun jour parles contre moy;
Je ne fais riens encontre droit
Se j'ay prins ce que mien estoit. 1376
Tu scez bien que les biens mondains
Que vous avez entre vos mains,
Les richesses, les dignitéz,
Les honnours, les prosperitéz, 1380
Dont vous avez si trez grant cure,
Ne sont pas vostres par nature;
Quant tu vins de ventre ta mere,
Nature te fu moult amere 1384
Et te gecta enmy ce monde,
Povre, chetif, de tout bien monde,
Ne te donna mes que la vie;
Mez je, par ma grant courtoisie, 1388
Te prins et devins ta nourrisse
Et t'ay esté mere propice;
Avoir et gloire t'ay donné
Et de mes biens aourné 1392
Tant com me plaira seulement,
Ne cuides qu'i soit autrement;
Et pour ce ne me dois reprendre,
Se j'ay voulu mes biens reprendre 1396
Et mectre en une autre main;
Mez se tu n'as le cuer vilain,
Tu me dois tousjours graces rendre,
Quant j'ay voulu mez biens estandre 1400

1361 a parler
1393 T tant

Un Dit moral contre Fortune

61

A toy, que je trouvay tout nu, [fol. 23ᵛ]
Et de mes biens soustenu.
Les hommes ne sont pas seigneurs
Des biens, dez gloires, dez honneurs, 1404
Que je aucune fois leur baille;
Il n'en sont mais que sergentaille.
Bien puet estre que pour dame me tiennent,
Car quant a eulz vien, bien leur viennent, 1408
Et quant je m'en vois, il s'en vont;
Bien apert donquez que mien sont
Car il me vont suigant de pres,
Ou soie loing, ou soie pres; 1412
Tu ne pues dire que ces biens
Par droit proprement soient tiens,
Car nul ne doit pour sien tenir
Le bien que on ne puet retenir. 1416

Se me diz par aventure,
Puiz que j'ay prins d'autrui la cure
Et ay prins paine et diligence
De luy nourir dez son enfance, 1420
Que je ne m'en doy pas retraire,
Ainz le doy adés ainssy faire,
Tu me veulz donquez tenir prize;
Se ne puis ouvrer a la guise 1424
De ma nature et de mes droys,
De mez coustumes et de mes loys,
De ce nul homme ne croroie,
Car se tant ne quant m'arestoie 1428
Ce soroit contre ma nature.
Aucune fois mer est pasible,
Autre foys par tempeste orrible;
Le ciel fait cler quant soleil luit 1432
Et puis fait oscur la nuit;
Le tempz donne a la terre fueille [fol. 24ʳ]
Et puis aprés s'i despueille;
Tousjours maintiennent ceste guise; 1436
Mes des hommes la couvoitise,
Qui ne puet estre saoullee,
Me veult changer ma destinee
Et ma nature avec mon droit; 1440
Bien me veult tenir a destreit
Se ne puis aler et venir
Et mes coustumes maintenir.
L'un faiz plorer et l'autre rire, 1444
L'un met avant et l'autre arriere,
L'un faiz monter, l'autre rabat,
Je ne tien point certain estat;

Je ne say d'autres gieux jouer, 1448
Tousjours fais ma roe tourner.
Se tu veulz monter en ma roe,
Pense tousjours, je le te loe,
Que descendre t'en couvenra 1452
Toutez les foys qu'i me plaira.
Que vuelz plus que je te die?
Regarde bien ma loberie.
Tout ainssi ques que tu voulras, 1456
Tousjours en la fin trouveras
Que cely qu'en hault met ma roe
En la fin le giecte en la boe.

Quiconque en ce monde vient 1460
Bien et mal souffrir ly couvient;
Boire y couvient double bevrage,
Plus du doulz, ou plus du sauvage,
Selon ce que plaire me veult; 1464
Nulz contredire ne me puet
Qu'a ma volenté j'en envoye
Maintenant dueil, maintenant joye.
Regarde bien toute ta vie: [fol. 24ᵛ] 1468
Ne t'ay point fait de vilennie.
Encor puez avoir esperance,
Car tu cognois ma muance;
Ma volonté souvent se mue 1472
Et de bien en mal se remue,
Et puis aprés je me revien
Et me tourne de mal en bien;
Pour ce m'apelle l'en Fortune. 1476
Vis doncquez a la loy commune,
Ne me sange pas mon usage
Car couvoiteux a tel outrage!

II, m. ii
Se tant comme la mer a d'araines 1480
Et le ciel d'estoiles foraines,
Et tant avoit or et avoir
Et tout ce que pourroit avoir,
Ja pour ce ne leroit a plaindre 1484
Ne de plus demander soy faindre:
Nulz ne puet lessier couvoitise,
Car quant plus art et plus s'atise,
Tant ne puet avoir couvoiteux 1488
Qu'il ne tiengnë a souffreteux.'

II, pr. 3
'Vous parlez bien, dame Fortune,
Comme des sagez dames une;

Vous et dame Philosophie, 1492
Contre vous ne say que je die;
Vos paroles font lez folz liés
Car doucetes sont comme mielz;
A ouïr sont moult delictablez, 1496
Mes ne sont pas tant proffitablez
Comme grant semblant ellez font,
Car la douleur est en parfont
Ou la parole n'ataint mie; 1500
Car aprés ce que elle est ouÿe, [fol. 25ʳ]
La racine du mal demeure
Qui gaste le cuer et deveure;
Pour ce couvient fort medicine 1504
Pour gaster du mal la racine.'

A ce respont Philozophie,
Qui son malade point n'oblie:
'Certez, dist elle, tu dis voir, 1508
Ce puet bien chascun savoir
Que ces paroles qui sont dictez
Cointes, aournees, et eslictez,
Ne curent pas parfaitement; 1512
Un pou donnent d'alegement
Et font Nature respoïr
Au moins tant c'om lez puet oÿr;
Ne puent pas parfont ouvrer. 1516
Mes je te propose trouver
Tel remede, quant tempz sera,
Qui parfont ou cuer t'enterra.

Toutevoie des maintenant 1520
Te moustre rayson avenant
Que malereux n'es tu mie;
Car cil c'une foys en sa vie
Dez biens mondains est plantureux 1524
N'est pas du tout malereux.
Fortune, qui te gouverna,
De ses biens moult te habandonna,
Et t'en fist si grant livree; 1528
Je croy que elle estoit enchantee.
Un pou t'a moustré ton orgueil
Et t'a regardé de mal œyl [fol. 25ᵛ]
Et a seurtroit a toy sa cure; 1532
Pour ce dira par aventure
Que fortune dez biens mondains
Dure pou entre les humains;

1520 Toutevouoie des desmaintenant

Si te afferme vrayement 1536
Qu'au[x] biens mondains faillir couvient
Au plus tart a heure de mort,
Qui n'espargne ne foible ne fort,
Et qui vient moult communement 1540
En pou d'eure soubdainement.

II, m. iii
Toute chose c'om puet nommer,
En ciel, en terre, et en mer,
Se change et est en movement, 1544
Excepté Dieu tant seulement.
Ly solaux clers change son estre
Depuis le matin jusqu'au vespre,
Au moins quatre fois en apert, 1548
Selon ce que le jour se pert.
Ly pöete par sa semblance
Monstrent clerement la muance
Des biens mondains et de Fortune. 1552
Aussi veons nous que la lune
Et estoiles qui ou ciel sont
Entre elles grans muances ont;
Se nous voulons muance querre, 1556
Resgardons les muances de terre:
Quant le boys est beaux et jolis,
De roses et de fleurs polis,
Tost apréz perdent leur couleurs, 1560
Et n'y remet fueilles ne fleurs. [fol. 26ʳ]
Encor est la mer plus muable:
Maintenant la verras estable;
Tantost aprés le vent se torne, 1564
Dont toute la mer se trestorne.
Se tu vois les choses müer,
De ciel, de terre, et de mer,
Ne cuide mie que Fortune 1568
Soit tousjours estable et une.
Et ne cuide que bien mondain
Soient tousjours en une main,
Car l'ancienne loy de Nature 1572
Deffendy que la creature,
Qui vient par generacion,
N'eüst estable mancion.'

II, pr. 4
Lors respondit sanz vilenie 1576
Bö[e]ce a Philozophie:
'O dame de vertus nourrice,
Qui nourrissiez les cuers sanz vice!

Je ay eu, et vouz dictes voir, 1580
Gloires, richesses, et avoir;
Et pour ce, quant il m'en souvient,
D'angoisse remplir me couvient;
Mais je ne vous vueil contredire 1584
En chose qu'i vouz plaise a dire.'

Philozophie le regarde
Diligaument et prent garde
Qu'il respont moult haultement; 1588
Sy parla aviseement:
'Böece, fole oppinion
As selon m'entencion; [fol. 26^v]
Et diz que quant homs en ce monde 1592
De biens terriens moult habunde,
Qu'il est lors trez beneüreux;
Et si tiens a maleüreux
Celuy qui en est souffreteux; 1596
Tenir te dois pour eureux
Car oncor as de bons amis
Contre trestous tes anemis.
Quant la tempeste vient en mer, 1600
Qui puet bien ses ancres fremer,
Il ne doubte point la tempeste;
Aussi ne doubte point moleste,
De Fortune ne d'ennemis, 1604
Qui a bons poissanz amis.'

'Or prions Dieu, le tout poissant,
Respont Böece maintenant,
Que ces amis tant proffitables 1608
Me soient fermes et estables;
Car je say, se Dieu lez me garde,
Que je n'ay de Fortune garde
Ja soit ce que elle ait la hurté 1612
Un pou a ma beneürté.'

Quant vit dame Philozophie
Que Böece congnoist sa vie
Et prent un pou de reconfort, 1616
Sy luy fait tel rayson plus fort:
'Tu as cuer moult delicïeux
Qui est dolans et angoiseux
Quant vient un pou de adversité; 1620
Regarde la fellicité [fol. 27^r]
Des plus beneüréz du monde!
Home n'y a, combien qu'abonde,

1614 vint

Que tousjours en son estat n'ait 1624
Chose aucune qui luy desplaist;
Car Fortune a nul tant ne baille
Que queque chose ne luy faille.
Car certez tint ly bien mondain 1628
Ne viennent pas en une main,
Et quant vient prosperité,
N'est pas a perpetuïté.

Uns homs a richesse a planté, 1632
Or n'est pas bien apparenté,
Ains a honte de son lignage;
L'autre est de noble parage,
Mez povrez est et en misere, 1636
Chascun de luy se tret arriere;
L'autre a noblesse et avoir,
Or n'a pas femme a son vouloir,
Sy se complaint et se debrise; 1640
L'autre a femme a sa devise,
Or n'a nulz enffans et scet bien
Qu'estranges gens aront le sien;
L'autre est d'enffans avironnés, 1644
Qui ne sont pas bien ordonnés,
Ainz meinent vie deshonneste,
Aux parens font souvent moleste.

En touz les estas de Fortune 1648
Faut tousjours condicion une
Que nulz ne scet qui ne l'espreuve
Et qui desplaist quant l'en la treuve.
Mais penssons, comme qu'il aylle, [fol. 27ᵛ] 1652
D'un homë a qui rien ne faille;
Fortune ly donne richesses,
Grans possessions et grans noblesses,
Puissans amis, sages parens, 1656
Bonne femme, sages enfans,
Il sera ja tant dangereux,
Tant doilet, tant delicïeux,
Se tout ne vient si com il vuelt: 1660
Tantost se trouble et s'esmuet.
Homs, puis qu'il est beneüreux,
Est volentiers delicïeux;
Et un homme si delicïeux 1664
De po de chose est courouceux;
Ceste fole condicion
Abesse la perfeccion.

1643 estrangens gens

Un Dit moral contre Fortune

Ja pour Fortune aspre et senestre 1668
N'est homs chetiz, s'il ne le cuide estre;
Mais qui paciaument la porte
Et en Dieu son pensser conforte,
Il n'est pas chetiz proprement, 1672
Car pacience l'en deffent.
Il n'est homs, tant ait grant estat,
Quant impacience l'abat,
Qui ne desirë a changer 1676
Son estat a un plus legier.

Nous l'istoire lisons en fable
D'un homme qui estoit non estable;
Qui premierement en sa vie 1680
Regarda l'estat de clergie
Et vit qu'il estoit trez precïeux,
Aysiéz, et bien delicïeux;
A l'escole lors voult aler; [fol. 28ʳ] 1684
Et quant il vit pour chastier
Lez enffans batre, ce desprise
Et dit que miex vault marchandise.
Mez quant par mer et par terre 1688
Ot esté, si dit que de terre
Il veult laboureur devenir,
Pour grant gaing cuidier aquerir;
Sa semence pourrit en terre. 1692
Lors cilz homs voult chevalier estre
Et quant il le couvint armer
Et en bataille soy moustrer,
Il vousist bien lors aillours aler. 1696
Plus ne veult estre chevalier,
Mez avocat pour fort gaignier;
Et quant il vint devant le juge,
Sez adversaires tant le mue 1700
Par divers propos qui lui baille,
Que il ne scet quel part il aylle;
Cilz proposa en son courage
Qu'il se mectra en mariage. 1704
Pour ce tantost se maria;
Ne trouva pas ce qu'il cuida
Et tint en despit mariage
Et se mist en ung reclusage 1708
Et proposa toute sa vie
Estudier astronomie
Et savoir du ciel la nature

1682 Et vint
1704 Qu'ilz

Car de terre n'a plus cure. 1712
Mez tant treuve d'emspeschemens,
De regles, de conmandemens,
Lors est ennuyéz de sa vie,
Et dist en sa merancolie [fol. 28ᵛ] 1716
Que il vouldroit uns asnez estre;
Asnez ne met rien en sa teste,
De rien du monde ne lui chaut
Autant du froit comme du chaut. 1720

Pour ce le dy tant seulement
Car en chascun estat briefment
A une male circonstance
Qui fait desirer la muance. 1724
Tu trouveras douces fortunes
Entremelees d'amertumes.
Quant aucuns homme en cesti monde
De biens terrïens moult habonde, 1728
Ou il ly souffit en avoir,
Ou il desire plus avoir;
Quant ly souffist moult tot le part;
Et quant plus desire, plus art. 1732

Gens de ceste mortele vie,
Quel ignorance et quel folie
Vouz fait croire en chose mondaine
La beneürté souveraine? 1736
Toutevoie plus que en terre
Vouz devés beneürté querre,
Ne vous couvient pas loing aler,
Dedens vouz la pouez trouver. 1740

Je te mostreray bien briefment
La fin et le comnencement
D'une trez grant beneureté:
Cilz qui puet a sa volenté 1744
Sur son cuer avoir seigneurie
Et beneüréz a sa vie;
Les richesses et les honeurs
Puet l'en tolir aux grans seigneurs, 1748
Mes de soy në a garde
Que ceste seigneurie perde. [fol. 29ʳ]
Atrempe ton cuer en tel guise
Que, quant le monde te desprise 1752
Et de adversité te repreuve,
Que ton cuer de rien ne s'esmeuve;
Aussi quant le monde te rit

1722 Car on c.

Sy ne tien nully en despit, 1756
Et se de biens as habondance,
Mectre n'y dois pas t'esperance.
Se tu veulz vivre en ceste loy,
Tu auras seigneurie seur toy 1760
Et tant beneürés seras
Que Fortune ne doubteras.

Or t'ay monstré en verité
Que parfecte Felicité 1764
Ne puet estre en bien mondain:
Felicité est souverain
Bien de nature raysonnable;
Or scez tu que chose muable 1768
Et que par force perdre estuet,
Bien souverain estre ne puet;
Car entre touz biens par nature
Seurmonte cilz qui tousjours dure; 1772
Et pour ce donc le bien mondain
Ne puet estre souverain;
Quant ilz n'ont estable valeur
Felicité n'est pas en leur. 1776
Encor te dy chose certaine:
Cilz qu'a beneürté mondaine,
Ou il cuide que soit estableté,
Ou il scet bien qu'el est muableté; 1780
Se il cuide que estable soit
Et que touz tempz mez ly duroit,
Avuglez est par ygnorance [fol. 29^v]
Et par defaut de congnoissance. 1784
Or scez tu bien en verité
Que humaine felicité
Que a en soy tele condicion
N'est pas de grant perfection. 1788
Quel felicité puet avoir
Cilz a cuy faut senz et savoir?
Se tu me diz que celuy a
Beneureté qui vient et va 1792
Et qui mainte fois ci change
Et va souvent en main estrange,
Conclure donquez te couvient
Que grant paour souvent ly vient 1796
Car paour a, combien qu'i tarde,
Que sa beneureté ne parde,
Puis qu'il scet que pardre l'estuet
Toute fois que Fortune vuelt; 1800

1794 on main

Cilz n'est mie beneüréz
Qui ne puet estre asseüréz.

Se nous trouvonz par aventure
Homme qui ait biens de Fortune   1804
Et grant beneureté au monde,
En pacience tant abonde
Que il ne luy chaut s'i la pert,
Donc vois tu bien tout en apert   1808
Qu'elle n'est pas de grant valeur,
Puis que du perdre n'a paour;
Car chascun a grant diligence
De garder le bien de excellence,   1812
Et se du perdre ne lui chaut
Semblant est que le bien po vault.

Une autre rayson te feray
En laqu[e]lle te monstreray   1816
Que beneureté souveraine
Ne puet estre en chose mondaine: [fol. 30ʳ]
Se l'ame estoit beneüree
Qu'a des biens mo[n]dains grant livree,   1820
On pourroit dire vrayment
Que maleüreuse devient
Quant elle du corps se part,
Et lors touz les biens mondains part;   1824
Et toutevoie nouz veons
Moult de sages hommes et bons
Qui volentie[r]s sueffrent la mort
Pour arriver a meilleur port   1828
Et pour les biens du ciel aquerre;
Car trop po vault le bien de terre
Qu'il couvient a la mort faillir
Et l'ame si ne puet mourir.   1832

II, m. iv
Manoir a l'ostel qui ne vault
Ne doit pas estre assiz trop haut,
Car peril est que l'empaigne
A vens qui queurt a la montaigne   1836
Quant il est assiz pres d'ensson.
Aussi ne doit nulz en sablon
Sa maison ou manoir fonder,
Car ne la puet tant fort murer   1840
En terre vaine et sablonnee
Que elle n'ait petite duree.
Se tu vuelz manoir sanz reprouche,

1810 Puisque perdre

Fay le seur une basse roche,	1844
Car se fort vent et mer s'esmuet,	
Ja pour ce doubter ne s'estuet.	
Par la semblance de l'ostel	
Te dy de ton estat autel;	1848
Qui seür estat veult avoir	
Si ne desire grant avoir	
Ne grant hautesse en sa vie, [fol. 30ᵛ]	
Car sur les richesses queurt envie;	1852
Aussy tres povre ne veulle estre	
Car, quant Fortune est trop senestre,	
Pacience se pert et font,	
Tant ne puet estre en parfont.	1856
Souffise toy petit estat	
Ou le vens de envie ne bat,	
Ou l'en puet garder sa chevanche	
Et la vertu de pacience.	1860

II, pr. 5

Or voy je bien qu'il est saison	
De toy monstrer plus forte rayson,	
Especial, nompas commune,	
Du defaut des biens de Fortune:	1864
Et tout premier t'ay fait savoir	
Que grans deniers et grant avoir	
Ou ly avers met son estude	
N'ont pas la valeur que l'en cuide;	1868
Le bien n'est pas de grant valeur	
Qui ne fait proufit et honneur	
A celui qui l'a et le garde.	
Or t'avisë et te pran garde:	1872
Tu trouvera[s] tousjours au monde	
Que cil qu'en deniers plus abonde,	
Tant comme il a et tient,	
Honneur ne proufit ne ly vient;	1876
Ains est haïs de toute gent.	
Mez cilz qui les donne et despent	
Est larges et courtoys clamés	
Et de toutez gens amés;	1880
Car le[s] tenans et les avers	
Sont tousjours tenus a pervers	
Et sont haïs selon touz drois;	
Mez ly sage et ly courtoys,	1884
En quelque liu qu'il soient venus,	
Il sont prisiéz et chier tenus. [fol. 31ʳ]	
Quelle valeur puet donc avoir	
Assemblee de grant avoir	1888
Qui fait domage quant on l'a	

Et proufit quant elle s'en va?
Fortune te donne le bien
Qui rien ne vaut quant il est tyen, 1892
Et quant donné l'as a autruy
Il n'est pas tienz mez a celui!
Et pour ce couvient que on die
Que rien ne vaut ou tien n'est mie. 1896

Hé, biens souffretoux et petis,
Bien vous doit on comme petis
Tenir tousjours et pou prisier!
Car tu fais les gens debrisier 1900
Pour toy assembler et querre,
Car se tous les biens de la terre
A un tant seulement estoient,
Le cuer remplir ne ly pourroient; 1904
Et si couvenroit remenoir
Trestous les autres sanz avoir,
Povres, chetis, et souffreteux;
Tel n'est pas moult precïeux 1908
Que tout a pluseurs ne puet estre,
Car s'il est tout en la main destre
La senestre en a deffaut;
C'est doncques bien qui trop po vault. 1912
Je regarde la voix ouÿe
Enmy une grant compaignie,
Un chascun et si l'ecoute,
A l'un n'en faut pas une goute: 1916
Mez des richesses de ce monde
L'un a deffaut quant l'autre habonde,
Car ne puet avoir a habondance
Sanz amenuisier autruy sustance 1920
Et richesse de son prochain. [fol. 31ᵛ]
Et pour ce a bien le cuer vilain
Qui ne puet estre sanz mal faire
Et sanz estre a autruy contraire. 1924

Aprés la richesse d'argent,
Que voult et couvoite la gent?
Desirent pierres precïeuses
Comme choses moult merveilleuses, 1928
Pour leur bonté, pour leur valeur,
Pour leur beauté, pour leur couleur;
Mes qui vouldroit bien regarder,
Ne sont pas tant a desirer; 1932
Bonté et beauté qu'elle moustre

1910 tient (?)

Sont a la pierre, nompas vostre;
Sa bonté la gent ne fait pas bonne
Ne sa beauté belle personne. 1936

Vous desirés et champs et préz,
Et de la fleur qui vient es préz
Vostre nature en maine joye?'
Respont Böece: 'La mer coye, 1940
Le soleil, la lune, estoilles,
Le ciel cler sanz nue et sanz voilles
Font grant joye quant l'en les voit;
Pourquoy donc ne s'esjoÿroit 1944
Qui verroit des préz la beauté
Quant le tempz s'aproche d'esté
Qui en champz et en prés abonde?
Il a de la beauté du monde 1948
Une tres bonne et grant partie.'

A ce respont Philosophie:
'La biauté du champ n'est pas vostre [fol. 32ʳ]
Mes est au champ qui la vous monstre 1952
Et a Dieu qui lui a prestee;
Et pour ce n'est personne nee
Se de ses champs se glorifie
Et maine joye en sa vie 1956
Qu'elle n'ait une vaine gloire
Et que fausse ne soit sa joye.
Je ne say comment ne pourquoy
Tu donnez la gloire a toy 1960
Et te glorifies du bien
Qui est a autrui et non pas tien;
Se tu as champs, prés, et manoir,
Pour ce ne cuides miex valoir, 1964
[Car leur beauté et leur valeur]
En toy n'est pas, mais en leur;
Ainssi veult Dieu et Nature.
Pour ce ne cuides que Fortune 1968
De l'autruy bonté te parface
Ne d'autruy biauté bel te face;
Car a chascun est sa beauté
Et sa valeur et sa bonté. 1972

Toutevoie, que que je dye,
Pour ce m'entencion n'est mie
Qu'il soient du tout en despit
Car il portent aucun proufit; 1976

1937 Nous
1965 verse omitted, supplied from *RFF* (2961)
1966 on leur

Vous y prenez la norreture
Et la substance de Nature;
Mes ja pour ce ne couvient querre
Grans possessions ne grans terre, 1980
Car Nature n'est pas gouleuse,
Ains luy souffist de pou de chose, [fol. 32ᵛ]
Pour perte ou despensse ou bien
Qui est a autruy et non pas sien. 1984
Aussy ne vit pas sanz reprouche
Qui du bien qui rien ne luy touche
Et qui ne parfait sa nature
Maine grant joye a desmesure; 1988
De ses biens toute la bonté,
Le pris, la valeur, la biauté,
Tout ce leur vient de leur nature
Et de ce Dieu fait Nature; 1992
Pour ce ne te dois orgueillir
Ne glorifier ne essjouïr.

Hé, gens! Quel esprit vous maine
Qui vous fait traire si grant paine 1996
En aquerir les biens mondains,
Qui vous sont si faux et si vains?
Car vous avez planté de avoir,
Et cuidiez que rien ne vous faille, 2000
Mais autrement couvient qu'il aille;
Car qui plus a et plus luy faut
Nulz ne puet vivre sanz deffaut;
Car quant Fortune plus te donne 2004
Et plus de cez biens te abandonne,
De pluseurs choses as mestier
Et te couvient plus travaillier
Pour les biens en paix maintenir 2008
Que Fortune te fait venir;
Qui puet plus richesses happer,
Il cuide dangier eschapper,
Mez pour ce ja dangier n'eschappe, 2012
Ains en plus grant dangier s'entrappe.
Car quant Fortune argent t'a baillé
Tu as paour qu'il ne te faille; [fol. 33/34ʳ]
La paour te grieve et nuit, 2016
Pensser te couvient jour et nuit
En quelz denrrees sera mis;
Pourchacier te couvient amis
Et les plus loyaux regarder 2020
Pour toy et ton argent garder;

2018 E en

Car nouz veons entre la gent
Pluseurs tuer pour leur argent;
Pour ce, cilz qui cuide fuïr 2024
Dangier, que nous devons haïr,
Quant charche d'argent n'est pas vuide,
Il treuve ce que fuïr cuide.
Se nous parlons des autres choses, 2028
De draps, de pierres precïeuses,
Des chergens, des champs, et des prés,
Et des autres biens temporelz,
Qui a outrage en demande 2032
A tres grant dangier se commande;
Qui vivre vuelt en cestui siecle
A la mesure et a la regle
Que Nature requiert et vuelt, 2036
Pour un trespo passer se puet;
Et ja pour ce ne couvient traire
Travail pour si grant avoir faire,
Pou de dangier ly fait profit 2040
Et po de chose luy souffit.

Est bien Fortune berstornee!
Car entre toute chose nee
La plus noble est nature humaine 2044
Et de toutez la souvraine,
La plus belle, et la plus digne, [fol. 33/34ᵛ]
Faite a l'image divine;
Et se veons touz en apert 2048
Qu'elle quiert noblece autre part
Et cuide aourner sa nature
De biauté d'autre creature;
L'en ne doit aourne[r] ne polir 2052
Que pour aucun deffaut couvrir;
Cilz qui la creature aourne,
L'ordre de Nature bestourne.
Bien sont defectüeux 2056
Ly aver et ly couveteux
Qui se reputent eureux,
Pour ce qu'i sont eureux
D'avoir des biens grant habondance, 2060
Mes ne congnoissent l'excellence
De eux et de humain lignage
Que Dieu a creé a son ymage,
Qui est la plus belle du monde, 2064

2026–27 Quant charche d'argent n'est pas vuide, | Il treuve ce que fouir n'est pas vuide | Il treuve ce que fuïr cuide (the copyist confused the rhymes and made three verses out of two)

Il font a leur Createur honte
Et sont plus vilz que beste mue,
Qui est par droit ville tenue;
Se la beste ne se congnoist, 2068
Pour ce nulz blasmer ne la doit.
Maiz homs doit avoir congnoissance
Et doit congnostre l'excellence
De la beauté de sa nature 2072
Et mectre s'amour et sa cure
En Dieu qui l'a faite et cree[e];
Et comment elle soit bien gardee
Et eslongnee de ce monde 2076
Qui plus ordoye qu'i ne monde,
En tel maniere qu'il ne face [fol. 35ʳ]
Chose qui sa beauté defface.
C'est doncques erreur bien aperte 2080
Quant une personne est couverte,
Precïeusement paree;
Elle s'en tient a plus aournee,
A plus noble et a plus belle; 2084
Mes sachiés que encor est telle
Comment devant quant estoit nue;
Sa beauté point ne se remue,
Et pour ce que sa robe luit 2088
Sa laidure point ne s'enfuit.

Or retournons aux couvoiteux
Qui se tiennent a souffroiteux
Quant il n'ont grant planté d'avoir; 2092
Je te faiz moult bien asavoir
Que grant richesse a outrage
Quant a pluseurs porte domage;
Et qui ont grans deniers ensemble, 2096
Le cuer tousjours ly va et tremble;
N'est riens ou monde qu'il ne doupte,
En paour a sa vie toute;
Et n'est pas grant beneürté 2100
Qui ne puet donner seürté.

II, m. v
Quatre tempz nous sont devisé
En ce monde moult desguisé.
Le premier fu tempz de innocence, 2104
Que nul ne pourchassoit chevance
Fors que celle que luy donnoit
Nature qui tout gouvernoit;

2081 personne couverte

Maisons ne ville ne habitoient, 2108
Champz ne vignes ne cultivoient; [fol. 35ᵛ]
Ly uns ne portoit l'autre envie
Car innocens estoit leur vie.
Le glan du boscage mengoient, 2112
Claré ne pyment ne buvoient,
Draps ne savoient coulourer.
Encor n'avoient nul usage
De mer visiter le rivage, 2116
Car encor n'estoient hommez nez
Qui sceüst appareillier nez;
Guerres ne batailles n'estoient,
Hommes pas ne se traïssoient, 2120
Tuit vivoient selon Nature
En innocence et en droiture.

Le segent tempz, qui vint aprés,
Fist cultiver et champz et prés 2124
Et fist ediffier maisons;
Et ainssi en ces deux saisons
Estoit en bon point innocence.
Nulz ne fesoit propre chevance, 2128
En commun avoient le bien;
Nul ne disoit de ce: "c'est mien."

Le tiers biens fu bien d'autre guise,
Car lors commença couvoitise 2132
Pour ce que un chascun vouloit
Tenir propre ce que il avoit,
Sy l'autre n'y eüst partie;
Lors commença a croitre envie, 2136
Amours, charité refroidier
Et droiture a amenuisier.

Le quart tempz est a maintenant
Plus mauvais que les troiz devant, 2140
Maintenant est tout desrivé; [fol. 36ʳ]
Enfer a son feu alumé,
Qui les cuers dez hommez atize
Par avarice et couvoitise; 2144
Barat, tricherie, et truffoy
Seurmonte loyauté et foy;
Tant ont ou monde mis malice
Couvoitisë et avarice 2148
Que amours, pitié, et charité,
Foy, droiturë, et verité

2131 fu bien fu bien d'autre
2143 dez h. a atize

Sont aléz ou ciel mayson querre,
Car ne trouvent hostel en terre 2152
Ou l'en le veulle hebergier,
Neiz pas chiez un povre bergier;
Dë innocence n'a plus point.
Et Diex, que retourna[s]t au point 2156
Ou temps premier cilz d'orendroit!
Mez tous les jours mauvestié croist.
Quant l'en se devroit amender
Pour l'ame a Dieu commander, 2160
Est bien couvoitise montee;
Pour la chose qui est mussee
Et que Nature veult celer,
Couvoi[ti]se a fait reveler: 2164
Or, argent, pierres precïeuses,
Qui sont en terre bien encloses,
Par engin et par artiffices
Les en fait yssir avarices. 2168

II, pr. 6
Que dirons des dignités,
Puissances, et auctorités,
Prelacions, et seignouries,
Qui sont tant forment convoities? 2172
Dezquelles, quant les mauvés les ont,
Tous les jours plus mauvés en sont
Et plus [c]roit leur grant felonnie [fol. 36ᵛ]
Car il ne font que vilanie. 2176
De cez mauvais vient moult de maux
Quant ilz sont eslevés en haut,
Car quant ilz sont en seignorie
A maintez gens tolent la vie; 2180
Il veullent tout supediter,
Femmes, enfans desheriter,
Aux hommes frans tolir franchise;
Et quant leur malice s'atise, 2184
Il boutent feux, il mainent guerres,
Ilz destruient cités et terres;
Par leur desordenee force
De mal qu'il facent ne font force. 2188

Quant Romme fu premiers fondee,
Elle fu long tempz gouvernee
Par les roys, par leurs lignages,
Qui mains maux et grans outrages 2192
Firent souvent a la contree,

2164 a fait celer
2168 les fait

Et pour ce leur fu lors ostee
La royauté et effacee
De la cité tant honoree; 2196
Apréz furent mis conseileur,
Qui ne furent gueres meileur;
Car quant en grace se virent,
Moult de maux et d'outrages firent. 2200
Pour ce puissance et seignorie
N'est pas grant bien, que que on die.

Il avient po en verité
Que seignorie et dignité 2204
Soient donnees a preudomme;
Mez encor mectez ung tel homme [fol. 37ʳ]
En dignitéz et seignorie
Qui soit bons et de sainte vie, 2208
Ja pour ce dire ne couvient
Que sa seignorie que il tient
Soit selon chose si bonne;
La bonté est en la personne; 2212
De la dignité po me chaut,
Quant la personne ne le vault.

De puissance et de pouoir
Nous couvient plus avant veoir, 2216
Et regarder par diligence
Quelz biens est pouoir et puissance:
Puissance n'est mie grant chose
Qui n'a pouoir fors que sur chose 2220
Fragille et de petite force;
Ly tirans, quant il plus s'efforce
Du tuer et de mettre a mort,
Ou soit a droit ou soit a tort, 2224
Il n'a pouoir certainement
Mes que seur le corps seullement:
Le corpz est de foible nature
Car une petite pointure 2228
D'un petit vermonsel qui mort
Ou d'un serpent qui met a mort;
Pour ce pas ne s'esvertue
Cilz qui le corps d'un homme tue; 2232
Cilz seroit bien de grant vertu
Qui le cuer, armé et vestu
De droiture et de verité
Et ferme par humilité, 2236
Osteroit de son bon estat, [fol. 37ᵛ]
Mes nulz tirans tel cuer n'abat.
Pour ce n'est pas de grans valeur

Puissance qu'ont li grant seigneur 2240
Qui le foible corpz puet tuer
Et le fort cuer ne puet müer.

O hommes! bestes terrëaines,
Qui puissances fauces et vaines 2244
Desirez seur le corpz avoir,
Dessus le cuer n'avez pouoir,
L'en vous doit bien bestez clamer.
Qui verroit la souriz armer 2248
Et desirer avoir puissance
Sur lez autres de sa semblance,
L'en s'en devroit jouer et rire;
Autel vous dy je de l'empire 2252
Et de puissance terrïenne
Qui puet bien seur la chose vaine
Avoir un po de seignourie;
Mes pour ce grant chose n'est mie. 2256

Par une autre raison te preuve
Que la puissance que l'en treuve
Es princes et es grans seigneurs,
Soient roys, dux, ou enpereurs, 2260
Ne fa[i]t pas moult a desirier,
Ne a prisier, ne a louer;
La puissance trez petit vault
Qui au plus grant besoing faut 2264
Et qui ne puet l'omme deffendre
Que uns aut[r]ez le puisse prendre
Et faire tout le mal a luy
Que par sa force a fait a autruy. [fol. 38ʳ] 2268
Tyeux a terrïenne puissance
Et Dieu a donné sa sentence:
Quiconque de puissance mesuse,
Plus forte puissance aprés l'use. 2272

Nous lisons bien en verité
Que puissance ne dignité
Et ly autre bien terrëain
Sont mauvéz, decevant, et vain, 2276
Car il ayment la compaignie
Des hommes de mauvese vie;
Vers eulz vont et anjoignent,
Dez preudesommes adés s'esloignent. 2280
Car selon les drois de Nature
Nulz ne puet amer la jointure
De chose qui lui est contraire;

2259 et et grant s.

Mes ce veons nouz tousjours faire, 2284
Quant l'une chose a l'autre semble
Elles sont volentiers ensemble;
Pour ce richesses et dignités
Et gouvernemens de cités, 2288
Vers les mauvéz adés aqueurent,
Qui leur mauvestiéz leur descuevrent.

Aprés ce, encore te moustre
Que la richesse qui est vostre, 2292
La puissance, la dignité,
Ne sont pas tieux en verité
Comme li nons nous signifie.
Regarde bien selon clargie 2296
Entre touz les hommes du monde
Ou vertus et science habonde,
Il ont tel estat et tel guise [fol. 38ᵛ]
Comme le noms le signifie: 2300
Vierges nous fa[i]t vierginaté,
Humbles nous fait humilité,
Mais nuz n'est par richesse riche,
Car tousjours tent a avarice, 2304
Quant plus a, avers plus couvoite,
Du sien mesmez il a soffrecte;
Pour ce riche estre ne puet,
Car adés plus desire et vuelt. 2308

De la puissance temporel
Te dy je maintenant autel,
Car elle vous fait puissans
Contre vos anemis nuysans; 2312
Unz de vos anemis mortelz
Est vicez et desirs charnelz;
Quant desirs charnel avironne
Et assaut aucune personne, 2316
Il le debat et le debrise
A son vouloir et a sa guise:
Le cuer le prant et si l'enlace.
Chaennes de fer et de acier 2320
Ne puet plus fort enlacier,
Et hommes puissans n'ont puissance
De pourchacier leur delivrance.
Quant ainssy sont enprisonnés, 2324
Dux, contes, ou roys couronnés,
Quel puissance sera ce doncques
Qui puissant homme ne fist onques?

2288 gouverneurs

Puissance est dicte par contraire 2328
Puisque puissant ne vous puet faire. [fol. 39ʳ]

Quant dignité se met et donne
Aucune fois en la personne,
Le fait digne sa dignité? 2332
Certez nennin, c'est verité,
Car quant uns homs est mis avant,
S'il n'estoit dignes par devant,
Ja pour ce dignes ne sera; 2336
Ains sa dignité moustrera
Son ignorance et ses deffaus.
Et pour ce sont ces troiz nons faux —
Richesses, pouoir, dignité — 2340
Car ont autres proprieté
A leur significacion.
Quant vous avez aucune chose
Ou vilté de mal est enclose, 2344
Vouz voulez son deffault couvrir;
Pour ce le faites vous polir
Et argenter et py[m]poler
Quant voulez son deffaut celer; 2348
Mes pour ce de rien miex ne vaut
Quant couvert avez son defaut.
Ainssy Fortune fait sez dons,
Elle leur fait mectre les nonz 2352
Nobles et de grant apparance,
Mes trop pou vault leur constance.

J'ay dit dessus que biens mondains
Sont mauvéz, decevans, et vains, 2356
Et les mauvés, quant il les ont,
Touz les jours plus mauvés en sont.

II, m. vi
Il apparut bien a un homme
Qui fut empereur de Romme, 2360
Qui estoit appellés Nerons, [fol. 39ᵛ]
Qui fist moult de destruccions.
Il fist ardoir trestoute Romme,
E[t] les grans senateurs de Romme 2364
Fist il mectre tous a mort,
Sanz voie de droit et a tort;
Il fist occire son frere
Et fist pourfandre sa mere. 2368

2348 sont
2352 nouz
2367 ilz

Cilz tyrans ert sires de Romme,
Des quatre pars a la ronde.
Onquez le grant pouoir qu'il ot
Sa cruauté tourner ne pot; 2372
Car com plus puissans estoit,
Sa cruauté plus grans estoit.
Helas! Com dolant compaignie
De puissance et de felonnie! 2376
Venin ne glaive tant ne poignent
Com puissans et felons quant il joynent.'

II, pr. 7
Lors dist, excusans soy, Böeces,
Que convoitise de richeces 2380
Des biens de ceste mortel vie
N'ot onques en ly seignorie.
Mes tant, dist, bien en verité,
Que il a desiré dignité, 2384
Gouvernement, et haut office,
Nompas par ardeur de avarice
Mais pour aquerre honeur et gloire;
Car vertu est po en memoire 2388
Et assez tost oubliee
S'elle n'estoit excercitee.

A ce respont Philozophie,
Un po excusant la folie 2392
De Böece, qui gloire quiert, [fol. 40ʳ]
Car onques ne ja n'yert
Homs tant soit vertueux ne sages
Car le cuer ne ly soit volages; 2396
Et quant euvres de vertu fait,
Vaine gloire a soy le trait,
S'il n'a trez grant perfeccion;
Car telle est la condicion 2400
De vaine gloire et de honeur.
'Mais veons or de quel valeur
Est ceste gloire tant amee
Et de tant de gent desiree. 2404

Que ceste gloire dessus dicte
Sy est moult chetive et petite,
Je le te moustre en tel guise:
Thelomee si nous devise 2408
Et nous fait demonstracion
Que cil qui fait comparaison
Du ciel la haut et de la terre

2392 sa f.

Ne puet ça jus grant place aquerre, 2412
Car la terre ne tient de place
Fors que tant c'un point a d'espace
Qui la veult au ciel comparer;
De po donquez se veult parer 2416
Cil qui quiert gloire terrëaine.
Encor dit que chose certaine
Et prouve par astronomie
Et toute la quarte partie 2420
De terre n'est habitee;
Encor soit de celle ostee
La part de la terre desertee,
Celle qui de mer est couverte 2424
La ou nul homme sy n'abite, [fol. 40ᵛ]
Tu trouveras que tres petite
Sera nostre habitacion.
Encor feras division 2428
En la terre de humain lignage
Pour raison du divers language
Et dez manieres desguisees
Entre les gens tant divisees. 2432

Se voulez faire voler
Le nom d'un homme singuler,
— Ce que Romme ne pot estre,
Qui du monde fu dame et mestre — 2436
Tant ne se pot faire doubter
Que sa renommee peust aler
Ne par tous lez liex soy estandre,
Sy devez par rayson entendre 2440
Que la gloire n'est pas grant chose
Qui est en seul point enclose,
Et estroite et bien petite.
Et se la place en gloire habite, 2444
Que dirons de sa duree?
Moult de gens de grant renommee
Sont trespassés et de grant gloire,
Dezquelz n'est orendroit memoire. 2448
Ce puet estre par aventure
Que nulz en livre ne escripture
Leur fais ne leur dis ne raconte,
Car en verité ce pou monte. 2452
Et puet pou le livre valoir,
Car le tempz fait a nonchaloir
Les vielles choses trespassees,
Les nouveles sont plus amees. 2456
Et si desirez toutevoie
Que de vous chascun parler oye [fol. 41ʳ]

Car vous cuidiez bien adéz vivre
Quant vostre nom demeure en livre. 2460
Mez qui vuelt aler par rayson
Et faire une conparayson
De tout le tempz qu'est a venir
Ou vostre nom se puet tenir 2464
Et durer vostre renommee
A trestoute celle duree
Que l'en apelle eternité,
Savoir vouz fais en verité 2468
Que l'en diroit plus proprement
Que vostre nom est un neant.
Qui voulroit mesurer la chose
Qui dedens fin n'est pas enclose, 2472
Il seroit bien musars et folz;
De nulle fin se n'est enclos.
Pour ce toute vostre duree,
A eternité comparee, 2476
Un droit neant doit estre dite.
Et pour ce cil qui se delite,
Quant sa fame se monteplie,
D'un beau neant se glorifie. 2480

Vous ne savez rien a droit faire,
Fors afin que vous puissez plaire
Et avoir la faveur du monde.
Quant vostre conscience est monde 2484
Et vos euvrez bonnes et belles,
Que vous chaut s'on n'en scet novelles?
C'est grant orgueil et arrogance
[Quant vous y querez cognoissance] 2488
For[s] que celle du Createur,
Quant de vos faiz querés honeur,
Le loier que vous querés en terre,
Que vous deüssiez ou ciel querre; [fol. 41^v] 2492
Ceux trop petit garredon ont,
De leur bonnes euvres qu'il font,
Nompas pour Dieu ne pour vertus,
Mes affin qu'il soient tenus 2496
Pour bonnes gens et pour eslites,
Comme faintes et ypocrites.
Quant il quierent le los du monde,
Il en portent souvent honte. 2500
Le sage homme qui est parfait
Par dit qu'il die n'est parfait;

2488 omitted, supplied from *RFF* (3836)

Si ne quiert los ne pris avoir,
For[s] de Dieu, qui a tout pouoir;   2504
Qui s'en glorifië et löe,
On ly doit bien faire la möe.

Encor te dy rayson plus fort
Que los et gloire aprés la mort   2508
Ne sont pas de moult grant valeur;
Car qui fait euvres d'onneur,
Quant il part de ce monde,
A conscience necte et monde;   2512
L'ame s'en va delivre et quite,
En paradis sy se delite
En compaignie d'espris,
Et s'esjouÿst quant des perilz   2516
De ce monde est eschapee
Ou elle estoit enprisonnee,
Et tient toute chose mondaine
Pour une chose fausse et vaine;   2520
Et se tu dis que l'ame muert
Quant le corpz plus vivre ne puet,
Que te chaut donc d'avoir gloire
Et que tez noms soit en memoire,   2524
Quant la mort tant l'omme deveure [fol. 42ʳ]
Que ame ne corps ne ly demeure?

II, m. vii
Hé, orgueileux! pourquoy levez
Les testes? Car se vous avez   2528
Nobles parens, noble linage,
Noble mayson, noble menage,
Noble chastel, noble fort,
De tout ce pou chaut a la Mort,   2532
Car elle prent petis et grans,
Les testes hautes met au bas,
Et souvent fait dire "helas".
La Mort gouverne humain linage   2536
Dez lors qu'Adam par son outrage
La pomme deffendue mort;
Pour ce n'espargne folz ne sage,
Homme bas ne de haut parage,   2540
Tout couvient pas[s]er par la Mort.

Papes, cardinaux, la Mort doubte,
D'emperieres, de roys ne fait conte,
Dux et contes menasse fort,   2544
De leurs seignerie[s] ne fait conte,

2505 Qui T'en g.

Car leur hautesse rien ne monte
Ne leur pouoir contre la Mort.

La Mort a toute gens a guerre; 2548
Partout queurt par mer, par terre,
Partout arrivent a bon port;
Quant qu'elle prent, si fort ensserre
Qu'en ne le scet ou quel lieu querre 2552
N'en quel lieu le maine la Mort.

La Mor[t] comme nourrisse amere,
Souvent pour le pechié du pere,
Debrise l'enfant et a tort; 2556
Helas, pour quel cause compere [fol. 42ᵛ]
Le pechié de son premier pere
Le petit filz souffrant la Mort?

La Mort fu moult baude et hardie 2560
Quant prist Jhesum, le filz Marie,
Qui vainqui le tolereux tort;
Pour ce que sage est, si ly prie
Qu'il y soit aidant a la vie 2564
Et secours luy face a la Mort.

Ou gist le corpz du bon Fabrice
Qui vesqui tout son tempz sanz vice,
Qui par dons ne pot estre osté 2568
Ne par nul de sa loyauté?
Ou est Bructus qui toute sa cure
Mist a garder senz et droyture?
Ses propres enffans fist mourir 2572
Pour justice fort acommplir.
Aussi fust moult sage Caton,
De grant fame et de grant renom,
Qui estoit vie et exemplaire 2576
D'onneur suïr et de bien faire.
Cez trois furent moult vallant homme
Et furent senateurs de Romme.
Se tu responsse quiers avoir, 2580
Je te faiz maintenant savoir
Que la Mort tient en sa prison
Fabrice, Bructus, et Caton;
Maintenant est leur renommee 2584
En pou de livres devisee;
Et pour bel quë on en die,
Ne retourneront ja en vie;

2549 Part tout
2568 ne pont e.
2584 et

Et tiennent a trespo de gloire 2588
Ceux qui sont en vostre memoire. [fol. 43ʳ]

Bessiez les testes, orgueilleux,
Qui tant estes presumptueux,
Qui cuidez aprés la mort vivre, 2592
Se vostre nom demoure en livre,
Et se vostre grant renommee
Maintient longuement sa duree!
Vous cuidés vostre proufit faire, 2596
Maiz vous faites tout le contraire;
Car quant vous desirés deux vies,
Deux mors vous sont appareillies
Et deux foys mourir vous couvient: 2600
La premiere mort vous avient
Quant l'ame du corpz se part
Et la personne vie part;
La seconde mort s'i fera 2604
Quant vostre nom s'effacera.

II, pr. 8
Adresse ver[s] moy tes oreilles
Car je te vueil dire merveilles!
Je veul a Fortune paix faire 2608
A qui tu me tiens pour contraire.
Et cuides que dame Fortune
De toutes bontés elle n'ait une
Pour ce que je l'ay tant blasmee; 2612
Or me plaist que soit louee;
Tu cuidez que Fortune adverse
Soit trop nuisant et trop perverse;
Mes je moustre maintenant 2616
Par rayson assez avenant
Que la Fortune deputaire
Vault trop miex que la debonnaire.
La debonnaire vous dessoit 2620
Quant plus cuidez que douce soit, [fol. 43ᵛ]
Car de menssonge et de fallace
Est couverte sa noyre face
Et fait semblant qu'elle soit belle, 2624
Mes en verité n'est pas tele;
Aprés, quant vient l'a[s]pre Fortune,
Lors descuevre sa face brune
Et vous moustre tout clerement 2628
Que la douce Fortune ment,

2604 La se seconde
2605 nom sy s'effara
2628 moustrent

Car ses biens n'ont pas la valeur
Dont elle monstre la couleur;
L'aspre verité vous ensaigne, 2632
L'autre verité vous esloisgne;
Douce Fortune des cuers lie,
Aspre Fortune les cuers deslie;
Car quant a vous se joing, 2636
L'aspre la chacë et la point
Et vous fait tourner vostre amour
Aux biens qui ont toute valeur;
La douce vous fait ygnorans 2640
De vous mesmez descognoissans,
Orgueilleux et oultrecuidiés,
Et quant vous l'avés, vous cuidiés
Trop plus valoir que ne valez; 2644
Mes quant aspre Fortune avez,
Qui vous fait ennuy et molestes,
Elle vous monstre qui vous estes.

Quant Fortune vous est amie, 2648
Vous avez moult grant compagnie
De gens qui se font vos amis;
Mes quant Fortune vous a mis
En povreté et en misere, [fol. 44ʳ] 2652
Tous se traient de vous arriere;
Et ainssi Fortune t'ensaigne
La distincion et l'ensaigne
Des faux et des loiaux amis. 2656
Cest asaignement t'a apris
Sanz nul loyer; et sont ouvers
Vers toy les cuers clos et ouvers,
Et pues certainement savoir 2660
S'il t'aiment ou ton avoir.
Un seul amy loyal seurmonte
Toutez les richesses du monde;
Pour ce n'ez pas tous devoréz 2664
Car aucuns t'en sont demouréz.

II, m. viii
Dire vueil en especial
Quant j'ay parlé d'amy loial,
Le bien, le pris, et la valeur, 2668
Et le los de loyal Amour.
Et premierement veul louer
L'Amour qui ne puet müer:
C'est asavoir, de Dieu, de Nature 2672

2646 vous ennuy

Qui tout gouverne par mesure;
Amours fait ferme et estable
Le tempz qui tant est variable,
Quant yver avez touz les ans; 2676
Aprés yver vient printemps,
Et antonne qui les vins donne,
Esté devant que l'en moyssonne;
Tout tempz garde ceste concorde 2680
Car loyal Amour les acorde;
Amour fait estre debonnaires
Les elemens qui sont contraires
Et les gouverne tant a point 2684
Que ensemble les tient et joint [fol. 44^v]
En toute generacion;
Amours fait la division
Entre le solail et la lune, 2688
Et chascun d'eux si bien a une,
Et donne gente seig[n]ourie
Que l'un ne porte a l'autre envie;
Le soleil cler par jour reluit, 2692
La lune gouverne la nuit;
Amour a le gouvernement
De mer et de son movement;
Qui verroit sez undez voler, 2696
L'en diroit que veult engouler
Et destruire toute la terre;
Amour fait paix de ceste guerre
Et veul que la mer se refraigne, 2700
Que sur la terre ne se paigne;
Se ceste Amour son frain ne lachoit,
Entre tous ceux guerre seroit
Et destruiroient par malice 2704
De Nature tout l'ediffice.

Or vueil löer nature humaine
Qui vient de l'Amour souveraine:
Amour est pierre precïeuse 2708
Qui de deux cuers fait une chose,
Une volenté, un courage;
Amours tient en point mariage,
Car en lui de joye n'a point, 2712
[Se loyal Amour ne la joint.]
Amours, selon ce qui me semble,
Loyaux compaignie tient ensemble
Car rompre couvient compaignie 2716
Se loyal Amour ne ralie;

2713 omitted, supplied from *RFF* (4276)

Ceste Amour tant loyal, tant fine, [fol. 45ʳ]
Sy descent de l'Amour divine
Qui par sa grant misericorde 2720
Le ciel et la terre acorde,
Et si justement les gouverne
Qu'a un chascun souffit son terme;
Touz cuers beneüréz seroient 2724
Se par cestui se gouvernoient.'

III, pr. 1
Quant Philozophie out finé
Son chant, qui fut moult afiné,
Et out raconté d'amours fine 2728
La matiere et la maniere,
Böece fust moult esjoÿ
Du trez doulz chant qu'avoit oÿ;
Sy respondi comme senéz: 2732

'A confors des desconfortéz,
Dame maistresse souveraine,
Moult m'avez alegié ma paine
Ou par douceur dë eloquence, 2736
Ou par la force de sontence;
Face Fortune son vouloir,
Car rien ne doubte son pou[oir].
Vos raysons sont si vertueuses, 2740
Vos paroles si gracïeuses,
Que j'ay tousjours plus grant desir,
Quant plus les oÿ, plus ouïr.'

Philozophie s'esjoÿ 2744
Quant elle ot Böece ouÿ,
Et resgarday que sa penssee
Estoit assez bien disposse[e]
A recevoir plus fort matiere. 2748
Lors parla en telle maniere:

'Hé Böece! se tu savoies [fol. 45ᵛ]
Par quel chemin et quel voie
Nous t'entendons a demener, 2752
Quel leçon te voulons donner,
Quel matiere te devons prendre,
Tes cuers ardroit tout de l'aprendre;
Car moult est noble la matiere, 2756
Mes que tant que n'est legiere
A ceux qui sont plungiés ou monde;
Il ne scevent pas que ce monte,

2751 voies

C'est parfaite Felicité. 2760
Qui pourroit trouver la cité
Ou l'en la boit a la fontaine,
Ce soroit joye souveraine.
Ton cuer s'i trait, ton cuer la songe, 2764
Mes n'est pas la vëue longue,
Car par les ymages mondaines,
Qui sont molt decevans et vaines,
De la Felicité perfaite 2768
C'est la veue tant retraite
Qu'elle ne puet avant aler.
Et pour ce veueil a toy parler
Et te vueil prier et requerre 2772
Que toute afeccion de terre
De ton courage soit ostee;
Adoncquez te sera monstree
Moult plus tost la proprieté 2776
De la vraye Felicité.

III, m. i
Qui champ plantureux veult semer
Avant le couvient delivrer
De toutes les herbes grevables; 2780
Qui veult savoir choses agreables
Selon la naturel coustume
Son goust delivre d'amertume. [fol. 46ʳ]
Ainsi desprise les faux biens 2784
Et t'eslongne de leur lïens!
Lors les vrais s'i te moustreront
Qui en ton courage entreront.'

III, pr. 2
Lors Philo[zo]phie la sage 2788
Se retraÿ en son courage
Et commença penser parfont
Sy comme soutiles gens font;
Et puis, comme bien avisee, 2792
A descouverte sa penssee:

'Toutes gens en ce monde mises
Ont de vivre diverses guises,
Car chascun veult tenir la voye 2796
Qui plus ly plaist; et toutevoye
Il tendent tous a une chose:
C'est parfaite Felicité
Qui vault autant en verité 2800
Comme estat de perfeccion,
Ouquel la transgrecion
De touz les biens est assemblee;

Pour ce est elle tant desiree.   2804
Qui ce bien parfait puet aquerre,
Autre bien ne li couvient querre;
C'est doncques le bien souvrain
Que desire tout cuer humain;   2808
Et le va querant et le chace,
Mes moult est diverse la trasse.
Il est de tel condicion
Que l'amour et l'afeccion   2812
De ly est en vos cuers entree;
Mes Nature est si bestournee [fol. 46ᵛ]
Par erreur et fausse semblance
De la parfaite seufisance   2816
Qu'elle cuide dez biens mondains
Que ce soit ly biens souvrains;
Sy s'efforce et se travaille
Comment par les biens mondains aille.   2820

Aucunes gens sont en ce monde
Qui cuident quant richesse habonde
Que ce soit ly souvrains biens
De l'estat ou ne faille riens;   2824
Pour ce se travaillent d'avoir
Grans richesse et grant avoir.

Autres gens cuident par erreur
Que ce tres grant bien soit honeur;   2828
S'y font toute leur diligence
De avoir honneur et reverence,
Car quant il sont bien honouréz,
Estre cuident beneüréz.   2832

Autres aussy par ignorance
Cuident que ce bien soit puissance,
Si desirent toute leur vie
Avoir royaume et seignorie   2836
Ou estre joins a grans seigneurs,
Comme juges et conseilleurs;
Car quant il sont en leur service,
Ou apuiéz en autre guise,   2840
Il cuident estre touz puissans
Contre leurs anemis nuisans.

Autres gens trouveras en terre
Qui s'efforcent de gloire aquerre   2844
Et de acroitre leur renomnee
Afin que soit manifestee [fol. 47ʳ]
Ou par fait de chevalerie,
Ou par grans senz, ou par clergie,   2848

Quant il treuve mondaine gloire
Pour une beneür[t]é voire.

Aut[r]es gens vont par autre voie
Car il desirent adéz joye; 2852
Et telz gens sont en moult grant nombre
Et dient que dez biens du monde
C'est le plus grans, le plus eslis,
Quant le corps a tous ses delis. 2856

Entre touz les biens de Fortune
Ne demeure bonté nesune
Qui estre puisse desiree
Qu'a ces cinc ne soit ramenee. 2860
Et ceux qui Felicité chacent,
En celles cincz choses pourchassent
Comment Felicité parfaite
Y soit trouvee et atraite; 2864
Car chascun tient a souvrain
Le bien don l'en a plus grant fain,
Et qui desire plus a avoir.

Or t'ay je fait dessus savoir 2868
Que de toute bonté humaine
Felicité est la souvraine;
Qui son grant bien donquez pourchace,
Felicité parfaite chace. 2872

Epicurus, com folz et nices,
Felicité mist en delices;
Des autres quatre n'y fait force;
De ce prouver moult s'efforce, 2876
Car ly autre petit bien sont,
Se delit et joye n'y sont. [fol. 47ᵛ]
Grant bien n'a pas en sa richesse
Cilz qui tousjours vit en tristesse; 2880
Ainssi n'est pas de grant valeur
Sanz joye et sanz delit et honneur;
Je ne say quel grant bien je die
De puissant qui a merencolie; 2884
Gloire est une grant dignité
Et une precïeuse bonté,
Mes n'est pas grant bien que je voie,
Se l'en n'y a soulas et joye; 2888
Et pour ce joye et delices
Ont touz les biens dedens leur lices.

Or nouz couvient torner arriere
A nostre matiere premiere. 2892
Vous vëez que toute la cure

Des gens mortelz tent par nature
A un grant bien en general,
Mes ne say en especial 2896
Par quel chemin ne par quel chace
Puisse trover ce que elle chace;
Elle est semblant a homme yvre
Qui son chemin point ne delivre 2900
Car troublee est sa rayson;
Bien ly souvient qu'il a maison
Mes ne scet le chemin trouver
Par quel lieu l'en y doit aler. 2904
Autel vous dy des gens mondaines:
Il ont, par les semblances vaines,
Des biens mondains tant volu boire
Qu'il ont perdue la memoire 2908
Du chemin que cilz doit tenir
Qui veult a trez grans biens venir. [fol. 48ʳ]
Nepourquant venir y pourroyt,
Se ses biens oublier pouoit, 2912
Pour la puissance de sa nature
Qui sa force met et sa cure
De venir la ou elle tent,
Se autre ne ly deffent. 2916

III, m. ii
Resgarde les cruelz lyons!
De crüeuses condicions,
En leur fait bien par artifices;
Souvent mectent jus leur malices, 2920
Tant que assez doucement pestre
Se laissent par la main leur maistre;
Tirer se lessent et bouter
Et si les doit l'en moult doubter, 2924
Mes ilz ne se pue[n]t pas tenir
Aucune foiz de revenir
A ce que Nature leur donne.
Et pour ce, cilz qui s'abandonne 2928
Au lyon et qui trop s'i fie,
Aucune foiz il pert la vie;
Car quant li lyons est plain de ire,
Ces lÿens derompt et dessire, 2932
Et tout le premier que malmaine,
C'est ses maistres qui les demaine.

Regardez aussi les oyseaux

2894 tendent
2902 qu'il a a m.
2931 quant est plain

Qui vont chantant par ces bois haus! 2936
Quant ilz sont enserréz en cage
Tousjours ont l'oiel vers le boschage;
Combien qu'il aient a menger,
Et assez a boire, sanz dangier, 2940
S'ilz eschapent par aventure,
De leur mangier n'ont pas grant cure,
Vers le bois adrescent leur voye, [fol. 48ᵛ]
Ou bois chantent et mainent joye. 2944

Quant la plante est enclinee
Et vers terre a force menee,
Se cilz qui l'encline la laysse,
Maintenant vers le ci[e]l s'eslaysse. 2948
Le soleil qui se couche au vespre
Vient a matin d'autre part nestre
Et retourne en son premier point
Ou Nature le met a point. 2952

Resgarde creature toute!
Nature l'empaint et la boute
Par sa force et sa puissance
Contre coustume et violance, 2956
Et s'efforce trouver chemin
De ly retourner a sa fin,
Quant violence ou fausse joye
Ly ont ailleurs tourné sa voye. 2960
La fin de la nature humaine
Est Felicité souveraine;
A ceste est tout vostre desir,
Mes vous ne la pouez choisir, 2964
Car encliné avez les testes
Envers la terre comme bestes.

III, pr. 3
O hommes, bestes terrëaines,
Consideréz bontés humaines! 2968
Vous cognoistrés en verité
La parfaite Felicité;
En eux ne puet estre trouvee,
Autre part est sa demouree. 2972
Felicité est une chose
Ou toute bonté est enclose,
Ne n'y puet on deffaut trouver;
Que l'en pourroit dire et prouver, [fol. 49ʳ] 2976
Qui deffaut en lui trouveroit
Que Felicité ne seroit.

2941 eschape
2960 sa joye

Or te demande je, Böece,
En l'estat de ta grant richesse, 2980
Que tu avoiez il n'a gaires,
Se tu trouvas oncquez contraires,
Se tu as fait tout ton plaisir,
Se acompli as tout ton desir 2984
Sanz deffaut et sanz contredit?'

A ce respont Böece et dit:
'Certes il ne me souvient mie
Que oncquez en toute ma vie 2988
Mon cuer eüst ceste franchise,
Ains souvent se mue et debrise;
Neïz en mon grant contenement
Ne fu il onques autrement, 2992
Car mon cuer souvent desiroit
Aucune chose qu'il avoit,
Aucune chose qu'il n'avoit,
Ce que pas il ne desiroit.' 2996

Philo[zo]phie lors respont:
'Puis que les richesses ne font
Estat sanz mal et sanz contraire,
Lequel elles promectent faire, 3000
En elles n'a que doublerie;
Pour ce qu'il diroit que tel vie
Feust Felicité appellee,
Sa rayson seroit moult troublee. 3004

Encor plus grant deffaut y a,
Car nulz homs previlege n'y a
Que l'en ne ly puisse tollir [fol. 49ᵛ]
Son avoir et ly apovrir, 3008
Par force ou par aucun barat;
Riches donques en son estat
A tousjours mestier d'autrui garde
Pour ce que son avoir ne parde. 3012
Aprés, riches hommes, soir et main,
Puet avoir soif et froit et fain;
Remede n'y puet nul avoir;
Car, s'il donnoit tout son avoir, 3016
Ne feroit il qu'il ne couviegne
Que froit et fain et soif le prengne.
Felicité n'est pas parfecte
Qui de tant de chosez a souffraite. 3020

III, pr. 4
Les grans dignitéz de ce monde
Aux grans seigneurs font souvent honte;
Car dignité et seignorie

Descuevrent souvent la folie 3024
Des prelas et des grans seigneurs
Qui ne sont pas de bonnes meurs.
Pour ce sont les grans moqueries
Des folz qui sont es seignories, 3028
Car leur folies sont ouvertes
Qui devant estoient couvertes;
Grant honneur ne puet pas avoir
Qui sa folie fait savoir. 3032
Puis donquez que la seignorie
Des seigneurs monstre leur folie
Et descuevre leur ignorance,
Cilz n'ascroit pas sa reverence 3036
Qui a seigneurie est venus,
S'il n'estoit pour sage tenus;
Mes cil qui est bien enseigniéz
Et de touz vices esloigniés [fol. 50ʳ] 3040
Est plus dignez d'avoir honneur
Que grans prelas ne grans seigneur,
Ja soit qu'il n'ait a sa vie
Prelacion ne seignourie. 3044
Quel reverence ne quel honneur
Avint il a Neron l'empereur
Combien qu'il fust moult richement
Aournéz et moult noblement? 3048
Moult estoit orgueilleux et fiers,
Haïs estoit comme pervers,
Plain de luxure et de meschance.
Honnie soit tel reverence 3052
Et qui felicité s'apelle,
Car en verité n'est pas tele!
Encor plus grant deffaut y a;
Car se cil qui seignorie a 3056
En son païs reçoit honneur,
Ou par doubtance ou par amour,
S'il va hors de region,
Il n'y fait pas trestout son bon; 3060
I[l] le couvient en grant dangier
Estrë et soy humilïer.
Ainssi reverence et honneur
Pert aucune foiz sa valeur, 3064
Et Nature si n'a pas joint
Seigneurs et honneurs en un point.

3034 monstrent
3035 descuevrent
3057 reçois
3065 n'as

III, pr. 5

Apréz richesse et reverence,
Nouz couvient parler de puissance 3068
Par laquel sont moult couvoities
Les royaumes et les seignories.

Or veons doncques, je te prie,
La puissance de seignorie: 3072
Quel pouoir ont les grans seigneurs [fol. 50^v]
Contes, dux, roys, et emperieres?
Cilz ont en eulz trop grant deffaut,
Car en la fin adés deffaut 3076
Et aux princes tousjours ne dure
Que, par force ou par nature
Convient, combien qu'il tarde,
Seignorie son prince parde. 3080
Puissance n'est pas de grant valeur
Qui ne puet garder son seigneur.

Encor te monstre en verité,
Se puissance est Felicité, 3084
Que ly roy sont maleüreux
Plus que sont beneüreux.
Et sont en terre nompuissans
Assés plus qu'i ne sont puissans. 3088
Je le te monstre par raison:
Il est plus sanz comparaison
De liex ou le roy rien ne puet
Que de lieux ou il fait ce que il veult. 3092
Or lessons aler leur misere.
Conclure couvient au deriere:
Puissance de roy tant estrete
N'est pas Felicité parfaite. 3096

Encor pouons nous bien veoir
Le grant deffaut de leur pouoir:
Sanz cusançon et sanz doulour,
Ne ne puet estre sanz paour. 3100

Un grant exemple en lisonz:
Denis fu roy, riches homz,
Tirans fu et de grant puissance;
Un jour avint par meschëance 3104
Uns homs qui estoit de sa mesnie [fol. 51^r]
Ly dist qu'il menoit bonne vie,
Car il avoit force et pouoir
De tout acomplir son vouloir; 3108
Ly tirans, qui bien ot trouvé
Et par pluseurs fois esprouvé

Les cusançons et les paours
Que souvent ont les grans seigneurs, 3112
Respondi par sage maniere,
Et le fit mectre en une chaiere
Et une espee toute nue,
Luisant, tre[n]schant, et fort agüe, 3116
Fist a un filet sur li pendre,
Et li fist par devant estandre
Napes blanches et bien mondees,
Viandes bien apparaillies; 3120
Cilz ne pot boire ne mangier,
Paour avoit du branc d'acier;
Solas ne pot mener ne rire.
Lors ly tyrans li print a dire: 3124
"Tel est l'estat que nouz tenons
Et la vie que nous menons,
Car la doubtance de la mort
Menace le foible et le fort." 3128

Encor y a plus grant misere,
Car par devant et par derriere
Il sont couvers de garsennaille,
De gens d'armes, et de sergentaille 3132
Qui tuer leur seigneur pourroient,
Matin et vespre, s'il vouloient.

Nous lisons de ce mal tyrant
Qui disoit quë en soy fesant 3136
Rere, ou seigner, ou pigner, [fol. 51ᵛ]
Puet barbier homme mehaignier;
En nul homme n'avoit fiance,
Si vivoit en tres grant doubtance. 3140
Quel puissance sera ce donques
Qui sanz doubtance ne fu onques?
Ce n'est pas parfaite puissance
Qui ne puet estre sans doubtance. 3144

Se li seigneur ne sont puissant,
Comme le seront li sergant,
Ly prevost et les chastellains,
Ly consseilleur et les chambellains, 3148
Ceux qui trez bien avant se doubtent?
Qui diroit que ceux rien ne doubtent,
Il n'aroit pas en sa memoire
De Seneque et Neron l'istoire. 3152
Seneque fu mestre Neron
Et le batoit, quant sa lesson
Ne savoit conter et dire.
Quant Neron fu mis a l'empire, 3156

Seneque, qui l'avoit apris,
Cuida seur tous avoir grant pris
Et cuida la court gouverner;
Mes Neron fist le char tourner, 3160
Qui le condampner fit a mort,
Sanz voie de droit et a tort,
Pour ce que, quant le regardoit,
De paour trestout fremissoit, 3164
Quant ly souvenoit de s'enffance;
Tant ly porta de reverence
Quë il voult qu'il peü[s]t eslire
Avant de sa mort la maniere; 3168
Seneques lors se fist baignier [fol. 52ʳ]
Et es deux bras se fist saignier
Pour mourir plus aiseëment.
Souvent reçoit tel paiement 3172
Cil qui se paine et se debrise
Pour grans seigneurs et leur service.

Aussi estoit Papirion
Mestre de l'empereur Neron 3176
En l'ordre de chevalerie.
Neron ly fist perdre la vie,
Car sanz crime et sanz deffaut
Le fist lier a un bersaut 3180
Et fist fermement contre lui traire
Et le fist tuer et deffaire.
Pour ce, qui la compaignie
De grans seigneurs tient en sa vie, 3184
Ne puet pas vivre sanz doubtance.
Encor y a plus grant meschance,
Car quant telle aventure avient,
Tousjours communement avient 3188
Que cilz qui sembloient amis
Deviennent mortelz anemis.
La pestillance de ce monde
Qui touz les autres seurmonte, 3192
C'est quant cilz qui sont anemis
Font semblant qu'il soient amis;
De ces bons amis ont pluseurs,
Ly haut eslevé et seigneurs; 3196
Telz besse devant eux la teste,
Que s'ilz savoient moleste
Ou Fortune tournast la roe,
Il ne leur fait for[s] que la moe. 3200

3198 Que cilz

Quant Fortune t'a en haut mis, [fol. 52ᵛ]
Pluseurs si se font tez amis;
Mez quant Fortune t'a bas mis,
Tu trouveras un trespo d'amis. 3204
S'aucun treuvez en loyauté,
Miex te vault quë une cyté.

III, m. v
Je t'ay devisé la puissance
Qui n'est pas de grant excellance. 3208
Pour ce te vueil faire savoir
Une puissance qui miex vault:
Quant mauvais mouvement te assault
Ne te lesse a rien consentir, 3212
Se te conviengne repentir.
Qui auroit en toute region
Puissance, juridicion,
Sa puissance puet po monter 3216
Se son fol cuer ne puet doubter;
Se veulz esprouver ta force
Tant com tu pourras, si t'efforce
Que tu ne soiez entachiéz 3220
De males meurs ne de pechiéz.

III, pr. 6
Or veons se mondaine gloire
Puet avoir beneürté voire.
J'ay troiz choses en ma penssee 3224
Dont gloire vient et renommee:
Aucune fois l'en glorifie
Personne qui ne le vault mie;
De ceste gloire la nayssance 3228
Est et vient de fole cuidance
Et d'une fausse oppinion
Qui queurt parmy la region;
Tel gloire pou vault et po monte; 3232
Mes en soy doit avoir grant honte
Cilz que le pueple met en haut [fol. 53ʳ]
Quant il pensse qu'i ne le vaut.

Aucunes gens sont en ce monde 3236
Ou senz et vertus tant habonde
Que le pueple les glorifie,
Les loë et les magnifie
Pour leur valeur, pour leur merite; 3240
Encor est tel gloire petite,

3222 de m. g.
3235 ilz p.
3239 et magnifie

Car sages homs pour fait qu'il face
Ne desire ne ne pourchace
Avoir la gloire de ce monde 3244
Puis qu'il a conscience monde;
De ceste gloire ne dy plus
Car assez en ay dit dessus.
La tierce gloire est moult volage 3248
Qui vient de sens et de linage
Que l'en appelle Gentillesse,
Car cilz qui dist que la noblesse
De sez parens gentilz le fait, 3252
Il se mesdit et se mesfait,
Se la noble vie ne tient
Des nobles parens dont il vient.
Nulz ne doit gentil estre dit, 3256
Se il ne fait et s'il ne le dit
Toutez choses en courtoisie;
Car qui dit ou fait vilenie
N'est pas dignez d'avoir honneur, 3260
S'il estoit filz de emperour.

Quant aucun a gentil parage
Et il est de vilain courage,
Il n'est pas de droite ligne, 3264
Car il se forfait et forligne.

III, m. vi
Toutevoie, que quë on die,
Toutes sont de noble lignie. [fol. 53^v]
Car touz ont noble pere: 3268
C'est Diex, cuy nulz ne se compere,
Car il est Sires tous puissans.
De ce pere sont touz venus,
Riches, povres, grans, et menus, 3272
Touz a Dieu a son ymage fait,
Fol, feble, et contrefait.
Tuit sont noble, tuit sont gentilz,
Femmes, enfans, grans et petiz, 3276
Fors ceulz qui soubz pechié s'abessent
Et Dieu, leur gentilz pere, lessent.

III, pr. 7
Or parlons dez delicez charnelz
Ou aucunz sont tant encharnelz 3280
Qui cuident que charnalitéz
Soit parfaite Felicitéz.

3253 ilz
3265 ilz

Cilz deliz a deux damoiselles
Qui ne sont ne bonnez ne belles: 3284
Angoisse de cuer est premiere,
Repentance est la darniere;
Angoisse vient quant convoitise
De charnel delit le cuer atise 3288
Et ne puet a son plaisir
Saouler son charnel desir;
Quant le desir saoulés est
Repentance tantost y est. 3292

Une dame ert qu'ot nom Thaÿs,
La plus belle de son paÿs.
Elle menoit deshonneste vie;
Un sage l'ot moult convoitie 3296
Et la desira moult avoir.
Celle dame ly fist a[s]savoir
Que ja n'auroit de elle sa joye, [fol. 54ʳ]
Se cent besans ne luy envoie; 3300
Le sage ou ciel en haut regarde
Et en regardant se prent garde
Qu'il avoit fole couvoitise,
Sy respondy en ceste guise: 3304
"Je ne vueil pas tant chierement
Acheter mon repentement."

Se nous parlons dez mangeries,
Des festes, des buveries, 3308
De ceux qui comme foulz et nices
Sont tousjours plu[n]géz en delices,
N'en trouveras pas un de trente
Qui en la fin ne s'en repente; 3312
Car de viandes moultipliees
Engendrent souvent maladies
Es corpz en delis plungiés,
Et de grans morseaux engorgiéz 3316
Font moult souvent les grans vontrees
Dezquelz morseaux sont engendrees;
Pour ce repentir s'en couvient.
Cilz scet bien a qui il en souvient 3320
De cez delicez et ses ayses,
S'il ont engendré nul mesaisez.
Felicité n'est pas trouvee
En feste si mal gouvernee 3324
Ou angoisse maine la dance
Et en la queue est repentance.

3297 m. a avoir

Encor diray plus fort assés,
Car se de delicez corporelz 3328
Felicitéz sont appelees,
Les bestes sont beneürees;
La beste met toute sa cure [fol. 54ᵛ]
Comment les delicez de nature 3332
Et lez delis charnelz parface
Quant parfait dont ce qu'elle chace;
Se delis felicités sont
Felicité lez bestes ont. 3336
Toutevoie c'est faucesté
Car la vraye Felicité
N'est mes que en la creature
Qui raysonnable est par nature. 3340
Cilz qui veult vivre en delices,
Honnestement et sanz grans vices,
Mectre se doit en mariage;
Et si n'ay je pas grant courage, 3344
De mariage trop löer
Aussi ne de deslöer,
Car un chascun qui se marie
Scet bien la dolereuse vie 3348
Que souvent ont lez mariés,
Et comment sont demenés
Ou par enfans, ou par mesnie,
Ou par doulante compaignie. 3352
Noble chose est d'avoir enfans,
Mes les peres sont moult dolans
Quant de vices sont entechiéz;
Et se il ne sont bien ensaigniéz, 3356
Empeschont il souvent leur joyes,
Car souvent par diverses voyes
Les peres font coure et chacier
Pour leur chevance pourchacier; 3360
Et quant meschief aux enfans vient,
Les meres plourer en convient.
Ne cuide ja que nulz homs voye [fol. 55ʳ]
Sanz aucun mal mondaine joye; 3364
Pour ce felicité n'est dicte
Car de touz maux n'est pas eslite.

III, m. vii
La charnele delectacion
Porte le poignant aguillon, 3368

3351 on par m.
3352 doultance
3366 toux

Car quant le desir charnel passe,
Le cuer de l'omme point et casse;
Et pour ce semble estre paraille
A la mouche c'om dit azeille, 3372
Qui l'eguillon et le miel porte:
L'esguillon point et le miel conforte,
Le miel met jus et puis s'envole,
L'esguillon tousjours luy demeure. 3376
Ainssi quant la char se delite,
La delectacion est petite,
Quant l'esguillon adéz demoure
Qui le cuer ly mort et devoure. 3380

III, pr. 8
Or pues tu clerement veoir
De cez biens le petit pouoir,
Car il ne font que forvoier
Ceux qui promete[n]t festoier 3384
Et mener jusqu'a la fontaine
De Felicité premeraine.

La personne qui par leur trace
Felicité quiert et chace, 3388
Se travaille et rien ne fait;
Car quant elle a son cours parfait,
Elle est plus loing de la cité
Ou parfaite Felicité 3392
A esleu sa demouree
Que n'estoit, quant elle fu nee.

Je voy quatre biens temporelz [fol. 55^v]
De pluseurs gens moult deziréz: 3396
Grandeur, force, legiereté,
En sont les troiz, le quart biauté;
Se nouz parlons de la grandeur,
Elle n'est pas de grant valeur. 3400
Et si trouveras une beste
Trop plus grant que ne puet estre,
Que l'en appellë aliphant.
C'est une beste fort et grant, 3404
Sur toutez bestes moult diverse,
Car cil de Mede et cil de Perse,
Qui dez oliphans ont copie,
Les meinent en la chevalerie 3408
Et seur leur dos font fors chastiaux
Ou il ha lances et quarriaux,
Targes, escus, et espees,
Et grant foison de grans armees. 3412
Se de la grandeur as merveille

Euvre les yeux et si te esveille!
Regarde le ciel estellé
De haut, de bas, de lonc, de lé! 3416
Et ne tien pas celui pour vain
Qui tout le ciel tient en sa main,
Qui de toute pars l'avironne
Et toute sa grandeur li donne! 3420
Se tu veulz de force parler,
Ne te couvient pas loing aler.
Uns toriaux est plus fors sanz faille;
Qui le verroit en une place 3424
Faire sez orgueilleux fais,
Fors est, puissans et courageux;
Encore raconte l'escripture
Qui dez bestes dit la nature [fol. 56ʳ] 3428
Que touz lez sauvages toriaux
Sont tant puissans, tant fiers, tant maux,
Quë il ne doubtent nul assaut
Et toutevoie pou leur vault 3432
Et envers la mort ce po monte,
Car la mort tout vaint et tout doubte.
Se tu tiens a grant chose force,
De regarder le ciel t'efforce. 3436
Met enssemble tous les massons,
Grans, petis, mestres, et garsons,
Pour leur chapler, pour leur ferir,
Ja ne pourront au ciel tolir 3440
Un petit grain de sa substance.
Pensse comme est grant celle puissance
Qui force puet si grande faire
Et qui aussi la puet deffaire. 3444

Legierté est moult plaisant
Et gracïeuse et avenant
Et de pluseurs gens desiree;
Mes n'est encor personne nee 3448
Qui pour efforcement qu'il face
Vuide si tost une grant place
Com fait une beste sauvage,
Tygre, selon nostre langage. 3452
Lessons atant de ceste beste.
Envers le ciel levons la teste
Et regarde le firmament
Qui se mue[t] tant ysnelement; 3456
Car le soleil a si grant erre,

3431 assant
3448 p. desiree

Car il trespasse mer et terre
Et lendemain au matinet
A son premier point se remet; 3460
Or pensse que cil qui se muet, [fol. 56ᵛ]
Legiereté donner te puet;
S'a Felicité veuls aler
A cestui te fault parler. 3464

Byauté de corps et fleur de prés
Enssemble vont de pres assés;
La fleur est assés tost tarie
Et la biauté est tost faillie. 3468

Une dame fut apelee
Arcipres, moult aournee,
De gentilz corpz, de biau visage,
Qui estoit de haut lignage; 3472
Aristotes, qui lors vivoit,
Grans nombres d'escoliers avoit
Qui volentiers la visitoient
Pour la biauté que en elle veoient, 3476
Et devant luy tant la löerent
Qu'a elle visiter l'enclinerent.
Quant il out assez remiree
Celle dame moult alignee, 3480
Qui de grant biauté resplendit,
A ses disciples respondit:
"S'uns homs avoit yeux aussi fors
Comme li lins, si que les corpz 3484
Des dames qui belles se font
Peüst regarder en parfont
Et considerer les entrailles,
Ne tendroit pas a grans merveilles 3488
La biauté de la damoiselle
Que vous jugiez estre si belle;
Que son corpz qui tant est jolis
Et par dehors est tant polis [fol. 57ʳ] 3492
Par dedens est tant plains d'ordure;
Pour ce n'est nulz biaux par nature;
Mes aucun pour bel se tient,
Ceste fole cuidance tient 3496
Car il a trop freles les yeux
Pour regarder es parfons lyeux."

3466 voult
3492–93 Et par dehors est tant polis | Par dedens est tant polis | Par dedens est tant plains d'ordure (the copyist was confused at the foot of the page and made three verses out of two; see the Notes on the Text)
3496 folie
3497 ilz

J'ay fait or du lin mencion.
Pour ce vueil la condicion 3500
Du lin, qui est beste sauvage,
Conter: lou semble de corsage,
Qui tant a clere la veüe,
Tant tresparssant et tant agüe, 3504
Que mur ne paroit ne l'areste.
A l'exemple de ceste beste
Entent Aristote parler,
Car cil qui pourroit faire aler 3508
Son regart tout parmy le corpz
Et par dedens et par dehors,
N'auroit volenté ne courage
De remirer le bel visage, 3512
Car pour l'ordure du trousel
Il auroit moult vil le musel.

Or vueil dire ce qui me semble
De tous lez biens du corpz ensemble. 3516
Leur beauté seroit plus löee,
Se elle estoit de plus grant duree;
Mais une fievre paragüe
En troiz jours tout l'omme tresmüe; 3520
De paragüe nous raconte [fol. 57ᵛ]
Phisique, qui scet que ce monte,
Qui tant est aigre et tant e[s]t fort
Que en troiz jours l'omme giette mort. 3524

Or te vueil raconter en somme
De tous les biens de mortel homme
Dont j'ay parlé proliximent,
L'erreur et le decevement: 3528
Premierement les biens mondains
Sont mençongier et faux et vains,
Car il promettent grant bien faire
Et puis font le contraire; 3532
Et si ne sont il pas la voie
Qui a Felicité nous convoie.
Et ne sont pas beneüréz
Ceux qui en sont avironnéz. 3536

III, m. viii
Helas! complaindre me couvient,
Quant de ygnorance me souvient
Qui les mortelz dolans, chetiz,
A lessiéz sages et soutilz 3540
Pour pourchacier et pour aquerre

3529 le bien mondain

Les petis povres biens sur terre.
Il est trouvé poisson en mer,
Dont l'en se doit moult merveiller, 3544
Qui a demy pié de corsage
Et si est de si grant courage,
Qui lez grans nef[z] de mer arreste,
Si que par vent ne par tempeste 3548
Elles ne vont n'avant n'arriere;
C'est une diverse maniere.
Toutevoie, vous, misereux,
Avez esté si curïeux [fol. 58ʳ] 3552
Que vous avez trouvé la beste
Qui ces grans nefz tient et arreste,
Et si ne voulez pas savoir
Qu'est que desirés a avoir; 3556
Vous ne curés ne faites conte
Du bien qui autre seurmonte.
Se vous cest bien voulés trouver,
Prenez elles pour mieux voler 3560
Et l'alez lassus ou ciel querre,
Car il n'est pas sa jus en terre.
Toutevoie vous le querez
La ou trouver ne le pouez, 3564
Par erreur et par ignorance
Qui vous ont tolu cognoissance.
Pour ce pry Dieu, le tout puissant,
Qui ne vous soit pas tant nuisant 3568
Que dez biens mondains ne vous doint;
Et aprés, quant venra le point,
De leur saveur qui est tant amere,
Cognoissance vous doint si clere 3572
Que par le goust qui est amer
Vous puissiés les vrais biens amer.'

III, pr. 9
Quant Böece oÿ la forme
Que Philosophie recorde 3576
De mondaine felicité
Qui ne tient point de verité,
Ains faut adés a sa promesse,
Sy respondi a sa mestresse: 3580

'Je veul recorder clerement,
Tout de plain et sommierement,
La sentence et la parole
Que j'ay ouÿ en vostre escole. [fol. 58ᵛ] 3584
Richesses ne fait soffizance,
Royaume ne donne puissance,

Digneté ne parfait honneur,
Gloire n'est pas de grant valeur, 3588
La charnale delectacion
Porte queue de scorpion.
Qui rayson m'en demanderoit,
Pure responce en porteroit 3592
Car clerement ne la puis prendre;
Pour ce, ne la puis pas digne rendre.'

'Certes, respont [Philosophie],
La rayson est appareilliee 3596
Pour quoy ces biens adéz vous mattent
Et ne font pas ce qu'il promettent;
Car n'ont perfeccion planiere
Selon la forme et la maniere 3600
Pour laquelle vous voulez avoir.
Et sachiez bien trestout de voir
Que ces biens n'ont perfection
Fors que tant quant ont union 3604
Et quant sont tuit enssemble joins;
Car quant sont dessevrés et loings,
La perfeccion d'eulz dicte
Se restraint et devient petite; 3608
Et pour ce les couvient mentir
Car il ne le puent acomplir
Le semblant qu'il ont de bien faire.
Exemple t'en vueil avant traire: 3612
Richesse promet souffisance,
Mes de la livrer n'a puissance.
S'elle promet honneur et gloire, [fol. 59ʳ]
Et avec luy n'a delit et joye, 3616
Soufisance ne baille point.
Puissance tient ce mesme point;
Car se donner ne puet richesse,
Reverence, gloire, et leesse, 3620
Se n'est parfaitte puissance.
Autel te dy de reverance
Et de touz les autres aprés,
Que cil son desir trop abesse 3624
Qui l'un desire et l'autre lesse.
Tel sont lez mortel meseureux,
Tant ardant et tant couvoiteux,
Que quant l'un met son apetit 3628
De ces cincz — ceus, ou plus petit —
Il a tant d'ardant convoi[ti]se
Que touz les autres biens desprise.
Quant uns homs a desir de avoir 3632
Grant richesse et grant avoir,

D'avoir richesse tant s'efforce
Que dez autres biens ne fait force;
D'honneur ne lui chaut ne de gloire, 3636
Ne de delices n'a memoire;
S'i pert honneur, n'a pas honte;
Aussi ne fait il grant conte
S'il n'est ja de grant renommee, 3640
Mes que la boursse soit fourree;
Lors desprise delices et ayses.
Il apper[t] bien aux grans mesaises,
Aux grans travaux, aux grans ennuys 3644
Qu'il sueffre de jour et de nuis;
Car travail ne le puet lessier [fol. 59^v]
De grans riches[ses] amasser;
Et s'il travaille quant amasse, 3648
Le garder aussi moult le casse,
Quant il a de perdre paour
Ce qu'a aquis a grant labour;
Dont il a si grant couvoitize 3652
Que tous les autrez biens desprise
Qui ensemble ont conexion;
Pour ce n'a pas perfeccion
La richesse qu'i puet avoir, 3656
Et si n'a force ne pouoir
De lui rendre la souffisance
Qu'elle lui promet par semblance.

Quant uns homs a gloire voult tendre, 3660
Son avoir ly couvient despendre,
Car de biau fait n'aura pris
Tant com son argent tenra pris;
Delit lui couvenra desprisier, 3664
Son corpz desrompre et debrisier;
Gentilz hommes qui pour aquerre
Gloire suivent tornois et guerre,
En leur esqueut les pelices, 3668
Ne sont pas plungiés en delices.
Dont appert puis que l'un desprise
Et l'autre a chier la couvoitise
Et tel biens n'ont perfection 3672
Forç quant il ont convencion,
Ne ne puet estre estat parfait
Qui de l'un des biens se refait.
Et qui tous les desire ensemble, 3676
Desirer cuide, ce me semble,
Souveraine Felicité;
Mes tu vois bien en verité [fol. 60^r]
Qu'elle n'est pas es biens du monde 3680

Dont l'un deffaut quant l'autre habonde.'

'Certes, dist Böece, maistresse,
Rendu m'avez vostre promesse
Car dit m'avez la verité   3684
De la fausse felicité.
Qui verité en veult savoir,
Il ne lui couvient fors que avoir
Son regart a tout le contraire,   3688
Car l'un de ceulz l'autre desclaire.
Pour neant n'ay pas despendu
Mon tempz que j'ay bien entendu
Par contraire condicion   3692
Toute la grant perfeccion
Que vraye Felicité donne
A celui a qui abandonne:
Elle luy donne souffisance,   3696
Elle luy donne grant puissance,
Et grant gloire pour sa valeur,
Elle le fait digne d'onneur,
Elle le plunge tout en ayses,   3700
Et finer fait toutez mesaisez;
Nulz n'a condicion si faite
Fors que Felicité perfaite.'

Philozophie l'entendy,   3704
Qui a haute voix respondi:
'O mes amis et mes privéz,
Or estez vous beneüréz,
Se la voie voulés tenir   3708
Par laquelle pouez venir
A l'estat de perfeccion.
Il vous fault une condicion [fol. 60ᵛ]
Que devez tenir et savoir   3712
Que bien mortel ne puet avoir
Cel estat qui tant est parfait,
Ja soit ce que semblant en fait.
Puis que tu cognois clerement   3716
La Felicité qui point ne ment,
Il ne te fault fors esprouver
Comment tu la pourras trouver.

Platon en un sien livre ensaigne   3720
Quë en trestoute besoigne
Doit l'en tousjours premiers requerre
Le Seigneur du ciel et de la terre,
A trouver siege pardurable   3724

3681 D'un l'un

Ou Felicité est estable
Et le païs ou elle habite,
Qui n'est pas besongne petite.
Et pour ce, a ce commencement, 3728
Prierons Dieu devotement
Qu'i lui plaise a nous aydier
Et sa grace nous octroier;
Et pour ce que nostre priere 3732
A essaucier soit plus legiere,
Une chanchonnete ferons
Et doucement la chanterons.

III, m. ix
Pere, qui toute puissance as 3736
Et qui toutez choses creas,
Sire, qui trestoutes les choses
Es cieux et en terre encloses
As ordonné par ta franchise, 3740
Nostre penssee bas assize
Ou bien de terre qui deffaut,
Eslieve et fay monter en haut; [fol. 61ʳ]
Donnes nous trouver ta fontaine 3744
De Felicité souvraine;
Nos entendemens enlumine
A la tresgrant clarté divine
En tel guise et en tel maniere 3748
Que la vertu de ta lumiere
Nous puissons veoir clerement
Et amer pardurablement;
Deromp et dechace la nue 3752
Qui nous empesche la veüe;
Oste de nous la puissance
Qui nous tient en ceste ignorance,
Car tu es le derniers repos 3756
De ceux qui de bonté ont los
Et qui les cuers ont debonnaires;
Tu es le souverains luminaires.
En toy puissance tant habonde 3760
Que soutiens trestout le monde
Et le gouvernes a ta loy.
Fay nous, Sire, venir a toy!
Se tu nouz veulz ta main estandre 3764
A toy pourrons aler et tandre;
Car tu es de parfaite joye,
Comme[n]cemens, termes, et voye.

III, pr. 10
Or te vueil monstrer clerement 3768

Que Dieu est le conmencement,
Moien, fin, en verité,
De parfaite Felicité,
Qui a tout creé et tout fait 3772
Et qui de tout bien est perfait.
Qui veult Felicité trouver
Jusqu'a Dieu la couvient chacier;
Car il n'a point de differance [fol. 61ᵛ] 3776
Entre la divine substance
Et parfaite Felicité,
Car toute la divinité
Et la bonté en lui enclose 3780
Sont du tout une mesme chose,
Sanz nulle composicion.
Qui veult doncques parfeccion
Et grant estat ou rien ne faille, 3784
Le grant chemin a Dieu s'en aille,
Car estat de perfeccion
Est en sa clere vision.

III, m. x
Venez ça, tuit emprisonnéz, 3788
De couvoitize avironnéz,
Qui desirés de grant maniere
La felicité mençongiere!
Venez tous ensemble et tenez 3792
Pour certain que se vous venez
A ceste bonté tant parfaite,
Vostre volenté sera faite:
Touz vos desirs acomplirés, 3796
De touz vos maux quites serés.
C'est le repos des travailliés,
Le conseil des desconseilliés,
De tous perilz paisible port, 3800
Des desconfortés le confort,
Previlege, refuge, aye
Et la tres pardurable vie.

Or, argent, pierres precïeuses, 3804
Font les penssséz tenebreuses;
Ce que ly mondain puent aquerre
Naist en lieu tenebreux en terre,
Car terre les cuers enfume, [fol. 62ʳ] 3808
Celle grant clarté les alume;
Quant ceste clarté vient en place
Elle du solleil toute efface,
Car sanz mesure et sanz conte 3812
Toutez autres clartés seurmonte.

3793 certain ce que vous v.

III, pr. 11
Celle clarté tant souveraine
Sy est de tout bien la fontaine.
Et certainement bien mondain 3816
Sont faulz et decevans et vain.
Pour ce trestoute creature
Doit desirer par sa nature
Que le chemin puisse tenir 3820
Qu'a ce grant bien puisse venir.

Par raison toute creature
Selon l'apetit de nature
Desire sa duracion 3824
Et defait sa corupcion.
Apetit naturel fuit fort
La corrupcion de la mort
Et se deffent, tant comme puet, 3828
Contre ce que nuire li vuelt;
Mais volenté souvent l'embrasse
A mort, qui nature dechasse,
Car la volenté se delite 3832
En aquerir par felicité
Vie qui est un po delitable
Et oublie la pardurable,
Par contrainte de l'apetit 3836
Qui adés desire delit.
Mes toute chose qui est cree[e]
Doit desirer adés duree.'

III, pr. 12
'Hé! mestresse Philozophie, [fol. 62ᵛ] 3840
Dist Böece, je vous mercie
Aprés Dieu, que m'a ramené
A ce que avoyë oublié.
Le sage Platon si recorde, 3844
Qui dit ce que a present recorde,
Si cognois bien en verité
Que parfaite Felicité
Est en Dieu tout puissant assise, 3848
En tel maniere et en tel guise
Que cilz son tempz agaste et pert,
Qui la quiert trouver autre part.
Dieu puissant si est par nature 3852
La fin de toute creature:
A lui suivir devons entendre,
Vers luy aler et vers lui tendre;
En Dieu toute parfaite bonté, 3856
Par laquelle gouverne le monde,

N'a mestier d'aide foraine
Car sa bonté est souveraine;
C'est cilz a qui gouvernement 3860
Obeïst terre et firmament,
A qui nulz contrester ne puet
Quë il face ce quë il veult.
A Dieu ne puet rien contrester 3864
Mes le devons servir et löer.
Ainssi le croy, ainssi le tiens,
Quar il est Sires tout puissans.'

III, m. xii
'Certes, respont Philozophie, 3868
Or voy a present ta clergie,
Böece, et quë as clarté
De toute ferme verité; [fol. 63ʳ]
C'est ce que promis t'avoie. 3872
Puis donques que sois la voie
Qui ton cuer envers Dieu adresse,
Tien toy tousjours en ceste adresse,
Se tu te veulz bien ordonner. 3876
Garde ton cuer de retourner
Aux faux biens, dont il est venus;
Tu soroies bien folz tenus.
Bien nez est cilz qui la fontaine 3880
De Felicité souveraine
Clerement entend et regarde;
Bien nez est aussi qui se garde
Que biens mondains par fauce joye 3884
Ne le trainent hors de droite voye.
Vous qui querés vie pardurable
Et joye qui est parmenable
Et ja vous estez mis en voie, 3888
Gardez vous bien que fausse joye
Ne vous face tourner ariere
Et perdre ceste grant lumiere.'

IV, pr. 1
Quant ot parlé Philozophie, 3892
Böece a haute voix s'escrie:
'O tu, dame, qui enlumines
Les cuers de paroles divines!
Certez tes dis sont delitables, 3896
Soient vraies, et non pas fables;

3872 C'est que
3877 retonner
3882 entendent
3883 qui se regarde

Toutevoie, trez malement
Me tien[t] en esbahissement,
Ce que Dieu en bonté habonde; 3900
Par bonté gouverne le monde,
Et si sueffre le mal venir, [fol. 63ᵛ]
Et ne le vuelt en rien punir.
Les mauvais ont le[s] seignories 3904
Qui ne font fors que vilonnies;
De lur meffais punis ne sont;
Ly preudomme qui mal ne font
Sont defouléz et dechaciéz; 3908
Les mauvés les ont souz les piéz.
Comme sueffre telle ordonnance,
Au moins sanz aucune vengance,
Ly roys qui tout scet et tout puet 3912
Et qui rien fors bonté ne vuelt?'

'Certes, ce dist Philozophie,
De ces choses rien ne t'ennuye.
Mes ce seroit contre rayson, 3916
Se le sires en sa maison
Les mauvéz lessoit gouverner
Et les bons a honte mener.
Cilz qui a droit regarder vuelt 3920
Voit que mauvéz rien ne puet,
Car li felon mauvéz nuisant
En verité sont nonpuissant.

IV, pr. 2
Nous avons dit que par nature 3924
Toute humaine creature
Honneur et bonté vuelt.
Ly mauvais donques qui ne puet
Avoir bonté en mal fesans 3928
Doit bien estre dit nonpuissant,
Car ne faire në acomplir
Ce dont a naturel desir;
Je ne puis nullement veoir 3932
Quelle puissance puet avoir
Cilz qui chose faire ne puet [fol. 64ʳ]
Que Nature desire et vuelt.

Je te met un tel exemple: 3936
Deux hommes sont qui veullent traire
A un lieu pour eulx reposer;
Ly un d'eulz y puet bien aler
A droit office de nature 3940
Comme fait humaine creature,
Car sur ses piéz se puet tenir

Et aler tout droit et venir;
L'autre ez piéz n'a point de force 3944
Et pour ce aux mains il s'efforce
Et se trait ou il veult aler,
A tres grant paine y puet tirer.
Tu jugeras que le premier 3948
Est trop plus fort que le darrenier.
Trestout autel estre me semble
Des bons et des mauvais ensemble,
Car bons et mauvais par nature 3952
Ont apetit, desir, et cure
De venir a Felicité.
Ly bon y vont en verité
Aux coustumes a droit us, 3956
Parmy les euvres de vertus
Que Dieu a voulu ordonner
Affin qu'il puissent aler
Le droit chemin a la fontaine 3960
De Felicité souveraine.
Mes les mauvais en moult de guises
Vont par diverses couvotises
Et comme vermonsseaux de terre 3964
Cuidans Felicité acquerre; [fol. 64^v]
Dont sont plus fors et plus puissans
Les bons que les mauvéz nuisans
Qui par leur pechiés et leur vices 3968
Ont perdu naturelz offices
Sy que n'ont force ne pouoir
De ce souverain bien avoir.

Encor dy je que l'en diroit 3972
Que cilz qui ne s'arresteroit
Jusqu'a tant que fust en la fin
De sa voye et de son chemin
Que oultre ne deüst plus passer, 3976
Plus puissans seroit en aler
Que cilz qui aler ne pourroit.
Les bons ont telle condicion;
Les piéz de leur affeccion 3980
N'arrestent point enmy la voie;
Tousjours tendent a celle joye
Qui de toutez est souveraine;
N'ont cure de joye mondaine. 3984
Mes le cuer faut enmy la place
A ceulz qui couvoitize enlace,
Emprisonnéz sont en telle guise
Qu'il ne puent avoir puissance 3988
De procurer leur delivrance;

Nompuissans les pues apeler,
Or ne peuent avant aler.

Encor y a plus grant deffaut, 3992
Car de tous les biens le tres haut,
Et le tres noble, et le tres bon,
C'est cilz que li mauvais felon [fol. 65ʳ]
Perdent par leur grant couvoitise. 3996
S'il avenoit en ceste guise
Quë uns homs pardi[s]t tout le monde,
Et le grant bien qui tout seurmonte
Peü[s]t aquerir et avoir, 4000
Il auroit trop plus grant pouoir
Que s'il aquerroit en sa vie
Seur tout le monde seigneurie.

Ly bon sont donquez moult puissans, 4004
Et li mauvais felon nuysans
N'ont force, vertu, ne puissance,
Fors tant seullement par semblance;
Il ont bien pouoir de mal faire 4008
Mes, c'est dit, pouoir par contraire;
Car cilz pouoir vient de foiblesse
Qui leur puissance tant estresse
C'une seule temptacion 4012
Les met en subjeccion.
Et qui vuelt parler proprement
Ly mauvais sont un droit neant;
Car de Dieu pechié les esloigne 4016
Et sont aussi com charongne
Que quant a l'ame estoit jointe
Naturelement elle vivoit,
Mais si tost comme l'arme se part, 4020
Sa vie et sa nature part.

IV, m. ii
Se tu veulz le pouoir savoir
Que grans seigneurs puent avoir,
Ne regarde pas par dehors 4024
Le haut siege, l'abit du corpz,
Les paroles, les grans menasses, [fol. 65ᵛ]
Les armes, lez pis, et les macez,
Mes un po plus parfont regarde; 4028
Se tu diligemment y prens garde
Et tu clerement y vois,
Tu les trouveras mainte fois
Emprisonnés et atachiéz 4032

3995 le m. f.
4028 un plus

A la chaienne de vilz pechiéz,
Qui mainte fois les remplit de ire,
Autre fois douleur les dessire;
Mauvais desir a lui se trait, 4036
Fausse esperance verser l'a fait;
Ainssi cilz qui franc deüst estre
Et que linage fist franc nestre,
Devient serf a tant de seigneurs 4040
Commë il a de male meurs.

IV, pr. 3
Encor te vueil raison trouver
Par laquelle te vueil prouver
Que tous biens sont guerredonnés 4044
Et a touz maux tourmens donnés.

Lez bons, je te fais assavoir,
Bon louyer en atendent avoir,
Car en toutes euvres que il font 4048
Leur entencion tousjours ont
Coment bonté puissent gaignier,
Tousjours esperent ce loyer.
Ja fortune par felonnie 4052
Ne leur puet tolir bonne vie;
Et cilz qui bonté puet gaignier
Ne gaigne pas petit loyer,
Car cilz qui bonté puet aquerre 4056
Il est uns petiz diex en terre. [fol. 66ʳ]
Tout ainssi par le contraire,
Cil qui s'efforce de mal faire
De sa nature se tresmue 4060
Et est semblans a beste mue.

Cilz qui a tort l'autrui bien couvoite
Et per divers chemins agaite
Comment fortrere le pourra, 4064
Sy tolira ou emblera,
La grant ardeur de son courage
Le fait semblant a loup sauvage;
Car usuriers et couvoiteux 4068
Plus ont et plus sont souffreteux,
Bien resemblent a loup villain;
Dont cilz qui se met en sa main
Tant est hurtéz et tant boutéz 4072
Qu'il est tous rompus et dessiréz.

4064 C comment
4072 T. et h.

Quant aucun a languë agüe
Et comme raseur esmoulue
Pour diffamer et pour mesdire, 4076
Pour tancer et pour contredire,
Apellé est chien arragé,
Qui de venin est entachié;
Fuiez de lui la compaignie 4080
Car en lui n'a que vilenie;
L'un abaië et l'autre mort,
Et l'autre souvent giecte mort,
Car il leur tolt leur bonne fame 4084
Par dectraccion et diffame.

Quant aucun demaine sa vie
Par barat et par tricherie,
Et par blandir et losanger, 4088
Vulpis le pourras apeller [fol. 66^v]
Car tant le change et contrefait
C'on ne puet cognoistre son fait;
Quant l'en cuide qu'i die voir, 4092
Il ne pensse qu'a decevoir.

Quant aucun a son cuer penssis
Soy venger de ses anemis
Et se courrece et fremit de ire, 4096
L'en puet bien de tel homme dire
Car il porte cuer de lion
Qui le fait cruel et felon.

Quant aucun est trop paoureux 4100
Es fais qui ne sont perilleux
En tel maniere qu'i se doubte
La ou doubter ne devroit goute,
Faire pouez comparayson 4104
De lui et du serf par rayson.

Quant aucun est trop pereceux,
En taille lourt et oublieux,
A cui ne chaut de besoignier, 4108
A l'asne le pues comparer,
Car asne est moult pesant beste
Qui rien ne retient en sa teste.

Quant aucun est de cuer muable 4112
Et en son estat trop chamjable,
Oysel le pourras apeler,
Car il ne fait fors que voler.

Quant aucun en delit de corps, 4116
Qui tant sont vilz et tant sont ors,

Veult user son tempz et sa vie,
Il semble a la truye seuillie.
Ainssi les mauvais folz et nicez [fol. 67ʳ]   4120
Par leurs pechiéz et leur vices
Sont convertis en beste mue,
Car il ont leur bonté perdue.

IV, m. iii
Ulixes, un prince de Grece,   4124
En venant de Troye, du siege,
En l'isle d'une enchanterresse
Vint, qui ses gens mist en destresse
Et les mua trestous en pors,   4128
Quant a la figure du corps.
Mes Ulixes, plain de doctrine,
Requist tost la grace divine,
Par quoy il fu lors bien gardéz   4132
Des charmes qui moult sont doubtéz.

Or veons quelz distinccions
A en ces deux mutacions
Dont l'une vient par malefices,   4136
L'autre par pechiés et par vices:
Certes celle qui vient par charmes
N'a pouoir de grever les armes;
Le corpz tant seulement transmue   4140
En figure de beste mue,
Mes le cuer tousjours franc demeure
Qui sa maniere plaint et pleure;
Mes movement qui vient de vices   4144
A en soy trop plus de malices;
Au corpz ne fait nul nuisement
Mais navre l'ame durement;
Charmes tolt a corps sa figure   4148
Mes pechié l'ame desfigure;
Certes pecheurs sont trop plus ors
Que ceux qui sont mués en pors. [fol. 67ᵛ]

IV, pr. 4
Encor vueil parler plus parfont,   4152
Car quant ly mauvés si parfont
Que desire leur mauvetié,
Tant sont de mal plus entechié;
Male chose est mal vouloir,   4156
Plus male est voulo[i]r et pouoir,
Mes trop erre et trop mal fait
Qui son propos mauvais parfait;

4148 tost

Ly mauvais doncques deputaire 4160
Plus mescheant est quant mal puet faire,
Que se le mal faire vouloit
Et mal faire ne pouoit;
Donques leur croi[s]t leur meschance 4164
Tant com plus se croist leur puissance.

Tu nous dirois par aventure
Que ceste puissance est trop dure
Que nouz meschance appelons; 4168
Mes les termes ne sont pas longs
A celui qui sa mort regarde
Et le fiert quant ne prent garde;
Et quant la mort fenist la vie 4172
Du mauvais plain de felonnie,
Elle luy fait grant avantage
Car elle met fin a l'outrage,
Et ou malice, et ou meffait, 4176
Que le chetif maleureux fait.
Quant ly mauvais font vilenie
Qui selon droit n'est pas punie,
Plus meschant sont, plus chetis, 4180
Que s'il en fussent bien punis;
Car quant ly mauvais qui mal fait
De son pechié, de son meffait [fol. 68ʳ]
Ne sueffre paine droituriere, 4184
Il a en soy double misere:
La premiere est inniquité,
Et la seconde impunité;
Ces deux choses, ce me semble, 4188
Sont deux grans maux qui sont ensemble.
Tout bien doit l'en guerredonner
Et a tout mal paine donner.

La leçon que je t'ay donnee 4192
Est moult estrange et desguisee
A ceux qui ont les jugemens vains
Pour l'amour des biens mondains;
Tant ont la penssee tenue 4196
En tenebres qu'il ont perdue
Congnoissance de verité,
Et dient que felicité
Est avoir pouoir de mal faire 4200
Et que ly felon deputaire
Eureux est, quant puet acomplir
La felonnie sanz punir;

4166 Ou nous (illustrator misread marginal indicator); par par a.
4200 avoir de m.

Il sont semblans a la noctue 4204
Qui tant a foible la vëue
Que plus clerement voit de nuit
Que par jour quant le soleil luit.
Eureux est qui puet bien faire, 4208
Maleureux qui fait le contraire;
Ainssi le veult loy et justice
Que le mauvais plain de malice,
Se ja nulz ne l'en punissoit, 4212
Malautrus a tousjours mes seroit;
Ceste seule malautrüance
Grant douleur est et grant meschance,
Qui de la dignité de homme mue [fol. 68ᵛ] 4216
En la vileté de beste mue.
Se ja nulz ne te devoit rendre
Bien fait que veuelez entreprendre,
Ne t'en dois tu pour ce retraire, 4220
Car bonté est de tel affaire
Que par nature, qui ne ment,
Elle porte son payement
En tous tempz et en tous païs. 4224
Bonté est chose de haut pris,
Car ly bon sont digne de honneur
Et semblans a nostre Seigneur.
A nul homme, moult je te prie, 4228
Ne faces grief ne vilenie.

IV, m. iv
Fuy guerres tant que tu pourras
Car sanz guerre tu mouras!
Ne vous couvient ja guerroier 4232
Pour faire la mort aprochier,
Car assez vous aprochera;
Ne la queres ja par bataille,
Elle venra comme qu'il aylle; 4236
La guerre vous doit souffire
Que vous font li serpent plain d'ire;
Encontre ceux deffent ta vie!
Ne monstre point ta felonnie 4240
Contre ton prochain et ton frere,
Car qui le fait le compere.

Je te donray ensaignement
De vivre tres courtoysement: 4244
Ayes les bons en amitié

4228, 4229 the illustrator mistook the division and made the *A* (4228) mark the new section
4232 vous ja

Et des mauvéz ayes pitié;
Car la loy naturel s'acorde
Que chascun ait misericorde. [fol. 69ʳ] 4248
Pour ce font les bons leur priere,
Neiz pour leurs mortelz anemis,
Que Dieu les face leur amis.

IV, pr. 6
Toutes choses ont ordonna[n]ce 4252
Selon divine pourve[a]nce
Qui les a toutes ordennees
A la fin ou sont enclinees.
Mes ne savez rayson tenir 4256
De ce que vëez advenir,
Et estes hebahis forment,
Pour quelle rayson ne comment
Cilz qui de bien faire se paine 4260
A tout son tempz doleur et paine;
Et ly mauvés sont en delices
Qui ne font que pechiés et vices.
Il ont des bons le payement 4264
Et les bons portent le tourment
Que ly mauvés doivent porter.

De ce voulons toy conforter
Et prouver tout pour premierement 4268
Que ce dire est faux jugement;
Qui diroit de toute personne
Ceste est mauvese et ceste est bonne?
Tu verras adés avenir 4272
Que quant pour bon voulras tenir
Celui que tu ne vois mal faire,
Uns autres dira le contraire.
Comment donques pourras jugier 4276
De la paine ou du louyer,
Qui ne scet jugier des parsonnes
S'elles sont mauvaises ou bonnes?

Encor s'il estoit un tel homs [fol. 69ᵛ] 4280
Qui sceüst diviser les bons
Des mauvais et pour certain dire
Cilz est bons et cilz ne l'est mie,
Ja pour ce ne puet il savoir 4284
Que chascun de ceux doit avoir,
Car ne scet la complexion
Des cuers ne la condicion;

4254 les toutes
4259 quelle ne

Et ce qui fait a l'un domage, 4288
Fait a l'autre grant avantage
A procurer son sauvement.
Lessiez a Dieu le jugement,
Qui tout entent, tout voit et scet, 4292
Et a toutez choses pourvoit
De ce que leur est couvenable,
De sa grace trez sauvable.

Posons que soient pluseurs hommes 4296
Par egal sages et prodommes;
A l'un vient bien de toute part
Tousjours gaigne et rien ne part;
En ce monde vit sanz dangier, 4300
Il ne pourroit pas miex songier;
A droit ly vont trestuit son fait,
Trestout a sa volenté fait,
Ses besoignes et ses atours. 4304

A l'autre va tout a rebours;
Quant plus de bien faire se paine,
Tant ly croi[s]t dangier et paine;
Ses besoignes entre la gent 4308
Ne vont ne bien ne mal ne gent;
Pour ce te pourras merveillier
Et en ton cuer dire et jugier
Que tout ce vient a l'aventure 4312
Et que Dieu n'en a pas la cure,
Puisqu'ilz sont bons par egal, [fol. 70ʳ]
Et l'un a bien et l'autre mal.
Toute ceste diversité 4316
Vient de grant parfundité
De la sapience divine
Qui de chascun scet la couvine.

Le premier est par aventure 4320
De cuer si foible creature
Que se adversité voit venir,
Il ne se pourroit maintenir,
Mais cherroit par impacience; 4324
Pour ce divine pourveance
Selon son parfait jugement
Le dispose courtoysement
Es adversitéz de ce monde; 4328
Et pour ce de biens habonde.

4294 De que
4309 vout
4322 son a.

Ly autres est par aventure,
Par complexion de nature,
A divers vices enclinés; 4332
Et s'i n'estoit esguillonnés,
Il devendroit luxurïeux,
Pareceux ou couvoiteux;
Pour ce sont menéz aigrement, 4336
Que par souffrir paciaument
Et mener vie tant peneuse
Gaignent la vie glorïeuse.

Aucuns trouveras en ce monde 4340
Ou parfection tant habunde,
Qui sont enclins a tous biens faire
Et fors a souffrir tout au contraire;
Tousjours bien font et bien leur vient, 4344
Ainssi par rayson le couvient;
Car de ceux Dieu a ordonné [fol. 70ᵛ]
Qu'il soient bien guerredonné
Et a la mort et en la vie; 4348
Pour ce ne leur vient maladie
Ne deffaut ne meschief ne parde,
Car il sont en la sauvegarde
Du grant Seigneur et du grant Roy 4352
Qui selon sa piteuse loy
Fait en terre ses bons amis
Encommencier leur paradis;
Et si leur donne moult souvent 4356
Seur les mauvés gouvernement
Pour refraindre leur felonnies;
Et quant les bons ont seignouries,
Qui justice font et droiture 4360
Et toutes choses par mesure,
Les preudommes sont essauciéz
Et les mauvés sont reboutéz.

Quant aucun a mal faire veille, 4364
Se mal lui vient n'est pas merveille.
Et se Dieu le bat de sa verge,
Cil est sage qui se corrige;
Et quant corriger ne se veult, 4368
Et fait adés du piz qu'i puet,
Dieu maintez fois devant la mort
Le bat et le punit si fort
Qu'il apert bien tout clerement 4372
Que ce vient de son jugement,
Qui ce lui fait pour exemplaire,
Pour mal fuïr et pour bien faire.

4358 Qui r.
4375 mal et

Or est rayson que je te die 4376
Pourquoy gens de mauvese vie
Habondent des biens de ce monde; [fol. 71ʳ]
C'est une matiere parfonde,
Qui moult de gent met en doubtance 4380
De Dieu et de sa pourveance.
Qui dit, se Dieu tout pourvoit
Selon ce que par rayson voit,
Pourquoy donne il prosperité 4384
Aux mauvais plains de iniquité
Qui ne sont dignes que de paine?
Il les conduit et les pourmaine
Et de ces biens leur donne tant; 4388
Il semble qu'i soit consentant
De leur pechiés et de leur vices.
Pour ce dient que cil est nices
Qui dit que Dieu en a la cure, 4392
Car tout vient de cas, d'aventure;

Je te vueil donner a entendre
Que Dieu, en qui n'a que reprendre,
Par juste cause tout ordonne, 4396
Quant aux mauvais biens mondains donne,
Car il se fait premierement
A vostre ensaignement.
Quant Dieu veult cez biens dispensser 4400
Aux mauvais, tu pues bien pensser,
Que pou les ayme et pou les prise;
Car puisqu'il les met ou service
Des mauvais plains de iniquité 4404
Il les met a moult grant vilté;
Par ceste rayson Dieu tesmoigne
Que tu ton cuer dë eulz esloigne.

L'autre rayson dont me recorde 4408
Vient d'une grant misericorde
Qui le mauvais retenir vuelt [fol. 71ᵛ]
Qu'i ne face du piz qu'i puet;
Tu trouveras par aventure 4412
Aucun mauvés de tel nature,
Se Dieu bien mondain ne ly donne,
A tout mal faire se habandonne;
Il devient larron et murtriers, 4416
E[t] robeur est es moustiers,
De traïr son prochain s'efforce,
De soy parjurer ne fait force;
Il est tous en adversité, 4420

Enclins a toute inniquité,
Mes Dieu par sa grant courtoysie
De biens mondains lui fait copie,
Afin que tres grant malice 4424
Ne s'abandonne a plus grant malice.

L'autre rayson est assez bonne
Pour quoy Dieu aucune fois donne
Les biens a ceulz qui a mal tendent, 4428
Car aucune fois s'en amendent;
Tu trouveras aucuns si sage,
Quë en reverchant son courage,
Quant voit en soy defaut et crime, 4432
Il cognoit bien qu'il n'est pas digne
Du bien, des ayses, de l'onneur,
Qu'i a de par nostre Seigneur;
Et change ses meurs et sa vie 4436
Et met jus toute felonnie
Car paour a, si ne se garde,
Que ces grans biens mondains ne parde.

Aucuns ont moult de biens et d'ayses 4440
Qui sont parsonnes moult mauveses [fol. 72ʳ]
C'om ne les pourroit empirer;
Dieu ne les puet a bien tyrer
Par bonté ne par courtoysie. 4444
Puisqu'il sont donques de tel vie,
Tu me diras par aventure
Que ce n'est selon droiture
Que Dieu de ces biens tant leur donne; 4448
Mes je t'en diray rayson bonne:
Tu [s]cez quant aucun a mesaize
Apréz delit et apréz aise,
Tousjours est plus grant sa misere. 4452
Diex veult ouvrer en tel maniere:
Quant il voit un mauvéz ou monde,
Qui de mal faire n'a pas honte,
Assez de ces aysez li donne 4456
Et de delices l'avironne
Et ly fait mener douce vie;
Nom pas pour ce qu'il ait gaignie,
Mes que plus tormenté sera 4460
Quant Fortune se muera,
Que par force müer couvient;
Car tu scez bien, s'il t'en souvient,
Nous avonz dit que Diex scet faire 4464
De ce aux autres exemplaire.

4448 tant ly d.

Tu me diras par aventure
Que par pitié ou par droiture
Aux mauvais donne Dieu avoir; 4468
Mez quel rayson yl puet avoir
De leur donner les seigneuries
Car plus en font de villenies?

A ceste rayson te vueil dire: 4472
Quant ly mauvais felon, plain de ire, [fol. 72^v]
Es seigneuries sont montéz
Tous leurs subgiés sont tormentéz;
Le torment les mauvés pugnit 4476
Et aux preudommes fait profit;
Car le torment les bons merite
Et leur acroit moult leur merite,
Car pacience excercitee 4480
Est hautement guerredonnee.

Aussi ne te merveille point
Se mauvais le trez mauvais point
Et si ly fait souffrir tourment, 4484
Car selon divin jugement
Tu trouveras souvent en terre
Entre deux mauvéz plus grant guerre
Qu'entre le mauvéz et le bon; 4488
Et tout ce fait Dieu par rayson,
Car dez deux ensemble se venge
Quant l'un a l'autre se revenge;
Quant l'un ne puet revenger, 4492
Le torment est pour son loier,
Car qui sert mauvesement
N'est dignes d'autre payement.
Ainssi, en tout ce que Dieu fait 4496
N'a rien que bonne rayson n'ait,
Car a tout ce qu'i fait, s'acorde
Son droit en sa misericorde.

Encor merveilles te dirons: 4500
Tu verras, quant mauvés homs
Un mauvés autre fort mal maine;
Le mauvés qui sueffre la paine
En si grant haïne se prant. 4504
Lors se blasme, lors se repant, [fol. 73^r]
A grant hontë a soy meyme,
Quant il semble celui qu'i n'ayme;
Pour ce s'efforce et se travaille 4508
De mener vie non paraille.

4496 ce Dieu

Ainssi Dieu par un mauvais homme
D'un autre mauvais fait un preudomme,
Car de tout mal scet le bien traire 4512
Et convertir en leur contraire.
Pensses, quant les choses verras
Que merveilleuses cuideras,
Que par Dieu qui les a cree[e]s 4516
A bonne fin sont ordonnees;
Et du dit commun te souviegne:
Il n'est nul mal que bien n'en viengne.

Pour ce, biaux seigneurs, je vous prie, 4520
Quant Fortune vous contrarie,
Que vous ne vouz desconfortez
Mes en pacience portez
Ce que Fortune voulra faire; 4524
Car ne puet estre tant contraire
Qu'elle ne soit par vous vaincue.

IV, pr. 7
Se vous voulez avoir tenue,
Quant chevaliers sont en bataille 4528
Ou chascun fiert et ront et maille,
Ly couars chevalier s'enfuit
Quant il ot le cry et bruit,
Mes le bon chevaliers atant 4532
Qui a gaignier honneur atant;
Pour ce, tant com il puet, il s'efforce,
Et sa vertu montre et sa force.

Qui de bien faire se travaille, [fol. 73ᵛ] 4536
Il entreprant forte bataille.
L'aspre Fortune le gueroie,
Et la douce, qui porte joye,
Perir le fait, se il ne se garde, 4540
Que en ceste bataille ne parde.
Quant l'aspre se veult efforcier
Le preudomme fait couroucier;
Et souvent bat tant la personne 4544
Que par les copz qu'elle ly donne
Elle casse la pacience.
Et la douce, par ygnorance,
Souvent l'abat de humilité. 4548

Pour ce te pry en charité:
Maintien toy fort en ceste guerre,
Se tu veulz los et pris acquerre,

4515 merveueilleusas

Et tousjours ayes en momoire 4552
Dez vaillans chevaliers l'istoire
Qui pour acquerir los et pris
Ont tant de grans travaux empris,
Et especial les vies 4556
Des glorïeux sains et doctrines
Qui ont tout desprisé le monde,
Qui plus ordoie qu'il ne monde,
Pour la grace de Dieu querir, 4560
C'on puet par bien faire aquerir.

IV, m. vii
Ayés, tous, cuers de vous defffendre,
Car bons vassaux ne puet emprendre
Chose quë il ne la parface 4564
Quant veult, bien quiert et bien chace.
Alés doncquez la droite voye
Qui vers le ciel tout droit a voie. [fol. 74^r]
Ne fuiez pas sans faire guerre: 4568
Cilz a le ciel qui vaint la terre.'

Epilogue

Ceste guerre est fuïr les vices.
Lessiez donquez mauvese vie,
Amez bonté et sainte vie, 4572
Et fuiez toute vanité.
Vos prierez en haut dreciez,
A Dieu le Seigneur tout puissant
En unité, Trinité regnant, 4576
Qui toutes choses scet et voit
Et tout trez justement pourvoit,
Qui toutez chossez a en baillie,
Et qui sur tout a Seignourie; 4580
Et a sa glorïeuse mere,
Saincte Marie, non amere,
Qui tant est bonne, belle, et sage,
Que rien a lui ne s'aparage; 4584
Et a touz les Sainctifiéz
Pour estre ou ciel glorifiéz
En Felicité perfaicte,
En joye de touz biens perfaicte. Amen. 4588

Explicit Boece de Consolacion

4555 travaux pris

APPENDIX 1

Table of Concordance:
Le Roman de Fortune et de Felicité and *Un Dit moral contre Fortune*

	RFF		DM	
Verses	Total Number	Verses	Total Number
Prologue			
1–152	152	1–71	71
I, i			
153–224	72	72–142	71
I, 1			
225–344	120	143–266	124
I, ii			
345–416	72	267–98	32
I, 2			
417–88	72	299–338	40
I, iii			
489–504	16	339–40	2
I, 3			
505–664	160	341–457	117
I, iv			
665–96	32	458–89	32
I, 4			
697–1032	336	490–584	95
I, v			
1033–1120	88	585–672	88
I, 5			
1121–1224	104	673–752	80
I, vi			
1225–56	32	753–84	32

	RFF		DM	
Verses	Total Number		Verses	Total Number
I, 6				
1257–1528	272		785–1048	264
I, vii				
1529–92	64		1049–72	24
Prologue				
1593–1602	10		1073–76	4
II, 1				
1603–1842	240		1077–1301	225
II, i				
1843–1904	62		1302–60	59
Rubric				
1905–08	4		1361–64	4
II, 2				
1909–2144	236		1365–1479	115
II, ii				
2145–54	10		1480–89	10
II, 3				
2155–2316	162		1490–1541	52
II, iii				
2317–72	56		1542–75	34
II, 4				
2373–2816	444		1576–1832	257
II, iv				
2817–46	30		1833–60	28
II, 5				
2847–3190	254		1861–2101	241
II, v				
3191–3288	98		2102–68	67
II, 6				
3289–3578	290		2169–2358	190
II, vi				
3579–3628	50		2359–78	20
II, 7				
3629–3904	276		2379–2526	147

RFF		DM	
Verses	Total Number	Verses	Total Number
II, vii			
3905–4168	264	2527–2605	39
II, 8			
4169–4238	70	2606–65	60
II, viii			
4239–98	60	2666–2725	60
III, 1			
4299–4352	54	2726–77	52
III, i			
4353–66	14	2778–87	10
III, 2			
4367–4496	130	2788–2916	129
III, ii			
4497–4546	50	2917–66	50
III, 3			
4547–4600	54	2967–3020	54
III, iii omitted			
III, 4			
4601–60	60	3021–66	46
III, iv omitted			
III, 5			
4661–4808	148	3067–3206	140
III, v			
4809–24	16	3207–21	15
III, 6			
4825–68	44	3222–65	44
III, vi			
4869–90	22	3266–78	13
III, 7			
4891–4978	88	3279–3366	88
III, vii			
4979–92	14	3367–80	14
III, 8			
4993–5160	168	3381–3536	156

RFF		DM	
Verses	Total Number	Verses	Total Number
III, viii			
5161–5220	60	3537–74	38
III, 9			
5221–5382	162	3575–3735	161
III, ix			
5383–5466	84	3736–67	32
III, 10			
5467–5542	76	3768–87	20
III, x			
5543–76	34	3788–3813	26
III, 11			
5577–5722	145	3814–39	26
III, xi omitted			
III, 12			
5723–70	47	3840–67	28
III, xii			
5771–5944	174	3868–91	24
IV, 1			
5945–76	32	3892–3923	32
IV, i omitted			
IV, 2			
5977–6076	100	3924–4021	98
IV, ii			
6077–96	20	4022–41	20
IV, 3			
6097–6182	86	4042–4123	82
IV, iii			
6183–6246	64	4124–51	28
IV, 4			
6247–6332	86	4152–4229	78
IV, iv			
6333–58	26	4230–51	22
IV, 5 omitted			
IV, v omitted			

	RFF		DM	
Verses	Total Number	Verses		Total Number
IV, 6				
6359–6639	281	4252–4526		275
IV, vi omitted				
IV, 7				
6640–68	29	4527–61		35
IV, vii				
6669–7152	483	4562–69		8
Epilogue				
—	—	4570–88		20
TOTAL	7152			4588

APPENDIX 2

Sample Passages of *Le Roman de Fortune et de Felicité* (ed. by B. Atherton): with brief notes for comparison with *Un Dit moral contre Fortune*

These examples for close reading, alongside the corresponding passages in *Un Dit moral*, serve to show how the reviser reshaped the *Roman de Fortune*. He did not state his reliance on Renaut de Louhans's work, nor his intention to abbreviate it and appropriate it for his purpose. In places he copied the source text with only minor adjustments (e.g. III, ii: *RFF*, 4515–46, *DM*, 2935–66; III, 6: *RFF*, 4825–68, *DM*, 3222–65; IV, 6: *RFF*, 6633–39, *DM*, 4520–27). Sometimes, possibly to clarify or to modernise, he adjusted the text by substituting a word of similar or different meaning, or by changing the order of words or verses, perhaps with effect on the rhymes. In other places he meaningfully selected text for his purpose, reducing the length and omitting part of the exposition, images, or narrative examples. The four passages contain the reviser's general tendencies and evince his respect for Renaut de Louhans's work.

1. Book I, metre v

RFF, 1033–1120; *DM*, 585–672

This is Boethius's hymn of praise, beseeching God the Creator to restore order and to govern the world harmoniously, saving it from Fortune's power. Renaut de Louhans derived nearly a quarter of the verses in this metre, in whole or in part, from the verse-prose translation *Boeces: De Consolacion* (ed. by Atkinson), which is more concise (44 verses). The *Dit moral* is close to Renaut's rendering and of the same length (88 verses). Overall, the two versions concord well. The sample passage shows a few grammatical and lexical differences: *ce* (*DM*, 594) for *cest* (*RFF*, 1042), *ton* (587) for *tout* (1035), replacement of singulars by plurals (*choses, toutez chosez*, 586, 590), and substitution of *Mües* (593) for *Euvrent* (1040). Certain descriptive details vary (cf. 596 and 1044, 661 and 1109). The common noun *la lune* (601) replaces the classical name *Lucifer* (1049), but for later verses of the *RFF* (1072, 1077, 1079) the classical names are, however, retained (*DM*, 625, 629, 631). In the final entreaty, *pour Dieu* (669), replaces *de toy* of both the *Roman de Fortune* (1117) and the *Boeces: De Consolacion* (37); the final verse (672) makes the prayer personal and immediate.

> *Roman de Fortune*, 1033–56, 1109–20
> O Creatour du firmament
> Et de toute chose creable!
> Qui te siez sur tout mouvement
> En ton hault siege pardurable; 1036
> Le ciel tournes ynellement
> Et mues toute chose mouvable;
> Estoilles variablement
> Euvrent selon ta loy estable. 1040
>
> T'as ordonné par loy certainne
> Toutes les choses de cest monde:
> La lune du souleil loingtainne
> Est senz cornes toute ronde; 1044
> Adont est elle toute plainne
> Et sa lumiere moult habonde,
> Mais quant du souleil est prochainne
> Couvient que sa clarté esconde; 1048
>
> Lucifer, selon t'ordenance,
> A sa maniere desguisee,
> Aucuns temps luist par excellence
> Devers le soir a la vespree; 1052
> Autre foiz le souleil avance
> Au matin, vers l'aube journee;
> En tout le ciel il n'a muance
> Qui par toy ne soit ordonnee; 1056
> [...]
> Nous sommes hommes de hault pris,
> Regarde nous, Sire, en pitié!
> Car Fortune nous a surpris
> Et confoulé et dechacié. 1112
>
> Fortune forment se desguise
> Et change son gouvernement;
> Maintenant abat et debrise
> Celui que tenoit haultement. 1116
> Sire, pour toy, ne nous desprise
> Mais nous fay vivre establement
> Et nous gouvernë a la guise
> Et a la loy du firmament. 1120

2. Book I, prose 5

RFF, 1121–1224; *DM*, 673–752

Both versions have departed from the Latin text by concentrating on the meaning of exile, which is only a small part of Philosophia's discourse, in which she alludes briefly to Athens and Rome (§2–§6). Renaut de Louhans introduced the specific example of Romulus, the founder of Rome who established the laws of the city. He is not mentioned in the *Consolatio*, but was cited by Trevet in his commentary (see the Notes on the Text, vv. 713–20).

In the *Roman de Fortune*, prose 5 comprises thirteen octets; the reviser selected and retained ten. The first four octets of each version correspond. Octet 5 (*RFF*, 1153–60), which cites Athens, is omitted. The next two (1161–76) are retained, including the Romulus octet:

Rommulus a Rommë avoit	
Une tel loy donnee jadix	
Que qui citïens en seroit	
Ne peüst estre forbannis;	1172
Ainsi le bons qui raison croit,	
Qui en Dieu a son cuer assis,	
En quelque terre quë il soit,	
Il est tousjours en son paÿs.	1176

Octets 8 and 9 (1177–92), which refer to Böece's library and material assets and to the great lords whose support has failed him, are omitted. The last four strophes of Renaut's version (1193–1224) are retained with significant reworking of octet 11 (1201–08). The reviser closely followed 1209–24, where Philosophie introduces the theme of illness and proposes the healing process:

Aprés, pour la tresgrant erreur	
Qui fait ta raison forcener,	
Tu te complains du Createur	
Qui fait Fortune gouverner	1204
Ou appert du mal la grandeur	
Qui souvent fait ton cuer müer	
Et en yrë et en douleur,	
Pour ton mal tousjours agrever.	1208
Maladie trop agrevee,	
S'elle te garist, c'est trop tart;	
Melencoulie enracinee	
Legierement ne se depart.	1212
Medecine qui est donnee	
A homme cui tel mal appert,	
Se au commencement n'est senee,	
Ne fait a löer nulle part;	1216
Car l'on doit au commencement	
Les remedes legiers tenir	
Et puis aprés tout bellement	
Es remedes plus fors venir;	1220
Malades ne puet autrement	

>   De cuer ne de corps revenir;
>   Le temps donnë enseignement
>   Comment l'en se doit maintenir.   1224

3. Book III, prose 4

RFF, 4601–60; *DM*, 3021–66

This section expresses Philosophie's lack of esteem for titles, distinctions, and high offices, especially when they are held by dishonourable people. In the *Consolatio*, she cites two examples: Nonius, a bad Roman consul (§2), whose name Renaut confused with *Noiron*, Nero (see the Notes on the Text, vv. 3032–33), and Decoratus, a corrupt lawyer and questor (§4), an example omitted in both the *Roman de Fortune* and *Un Dit moral*. They include, however, the example of the emperor Nero, who figures in Book III, metre iv of the *Consolatio*, which neither version contains, but certain echoes of which are found here:

>   Quel reverence et quel honneur
>   Advint a Noiron l'empereur   4636
>   Quant il fut venuz a l'empire?
>   Certes, ne le sauroye dire;
>   Car combien qu'il fust orguilleux
>   Et de soy parer curïeux,   4640
>   Et de marguerites couvers,
>   Haÿs estoit comme pervers,
>   Plains de luxure et de mescheance.
>   Honnie soit tel reverence   4644
>   Et qui felicité l'appelle,
>   Car en verité n'est pas telle!
>
>   Encor plus grant deffaut y a;
>   Car se cilz qui seignorie a   4648
>   En son pays reçoipt honneur,
>   Ou par doubtance ou par amour,
>   S'il s'en va en pays estrange,
>   Les garçons du pays losenge   4652
>   Et est en leur subgection;
>   Car ce que fausse opinion
>   Met a reverence et honneur
>   A tantost perdu sa valeur.   4656
>   Li feux a chaleur par nature
>   Et en tous lieux sa chaleur dure,
>   Mais nature si n'a pas joint
>   Seigneur et honneur en un point.   4660

Comparison of this passage with the *DM*, 3045–66 is interesting in several respects. The reviser omitted the modesty formula (*RFF*, 4638). He attributed

Nero's arrogance, not precisely to his dress (purple dyed clothes and pearls) and luxury, but generally to the splendour of his appearance and extravagance (*DM*, 3047–49). In fact, the verses *RFF*, 4639–43 are taken from *Boeces: De Consolacion* (III, iv, 1–5), with alteration of the rhyme *douleurs* (v. 5) to *mescheance*, rhyming with *reverence* (4643–44; *DM*, 3051–52). The reviser also provided an independent rendering of the end of the section (3059–66), omitting Renaut's parallel of fire and heat (4657–58). Nero's cruelty and tyranny have already been evoked in Book II, vi, where the reviser reduced to twenty verses (2359–78) Renaut de Louhans's lengthy account amplified with material from Nicholas Trevet's commentary. See the Notes on the Text, vv. 2359–78.

4. Book III, metre vi

RFF, 4869–90; *DM*, 3266–78
This quite short metre was abridged by the reviser, who omitted the allusions concerning the heavens, stars, sun, and moon, and their relation to humans (*RFF*, 4874–82), but still conveyed the essential meaning. Some modernising of the language appears in the *DM*: *ce* (3271) for *cest* (4883); *touz* (3271) for *tuit* (4883), but *tuit* (3275); *son ymage* (3273) for *s'ymage* (4885). The reviser also modified one or two adjectives in the lists (3272 and 3274; 4884 and 4886), and is consistent in using the plural in the last two verses, believing that there is more than one human sinner (3277–78).

Toutevoye, quoy que l'en die,	4869
Toutes gens ont noble lignie	
Car toutes ont un noble pere;	
C'est Dieu, cui nul ne se compere,	4872
Qui, comme sires tous puissans,	
Les estoiles de nuit luisans	
A assises ou ciel laissus	
Et les hommes a mis ça jus;	4876
Qui souleil de rays environne	
Et a la lune cornes donne;	
Qui les ames a sa semblance	
Du hault siege de sa puissance	4880
Fait descendre ça jus en terre	
Et es corps humains les enserre.	
De cest pere sont tuit venu	
Riche, pouvre, gros et menu	4884
Et a Dieu a s'ymage fait	
Fort, foible, bel et contrefait.	
Tuit sont nobles, tuit sont gentilz,	
Femmes, enfans, grans et petiz,	4888
Fors cilz qui soubz pechié s'abaisse	
Et Dieu son gentil pere laisse.	

NOTES ON THE TEXT

17. *Son cuer*. The initial is clearly 'M', but the marginal indication for the illustrator is '.s.'.
56. *N'est*. The initial is clearly 'C', but the marginal indication for the illustrator is '.n.'. Cf. *RFF*, 137: 'N'est homs ou monde, tant soit fort'.
182–87. These six verses do not figure in Béatrice Atherton's edition of *Le Roman de Fortune et de Felicité* (*RFF*) between vv. 264 and 265, but are provided as a variant in the manuscript New Haven, University of Yale Library, 38 (*N*), which has an additional octet (Variantes, II, p. 307). In the *Dit moral*, verses 5–6 of the octet have been omitted: 'De laquelle vie active | De bonne vie vertueuse'. See Atkinson, 'A *Dit*', pp. 58, 72, note 21.
275–82. Although a little incoherent, the strophe expresses the essential opposition to Fortune and her mutability, that have sapped Böece's powers of understanding higher matters. The thought is clarified (283–98) in preparation for war on Fortune.
371–78. Cf. *CP*, I, 3, §6, §9; *RFF*, 561–68; *Nicholas Trevet on Boethius: Exposicio Fratris Nicolai Trevethi Anglici Ordinis Predicatorum super Boecio De Consolacione*, ed. by E. T. Silk, available online, <http://campuspress.yale.edu/trevet/> (accessed 30 August 2017), pp. 71–72, I, 3, §17–§18, quoting the authority of Saint Augustine. All further references are to these editions.
419–26. Cf. *CP*, I, 3, §10–§11; *RFF*, 617–32 and see Atherton, I, p. 212. Trevet quoted (p. 77, §40) Ecclesiastes, chapter 1: 'stultorum infinitus est numerus', in the context of a large army without a leader being easily overcome. Cf. Ecclesiastes 1. 17–18; 2. 12–14; 10. 2, on the theme of 'all is vanity'. The reference in the translations seems imprecise.
437. *Heraudie*, 'herald's long garment' (*Gdf*, 4, 450b–c; *DMF*, HIRAUDIE. A). The meaning degenerated to 'beggar's cloak', then 'old garment'. Randle Cotgrave has 'A paltrie garment (in old French)' (*A Dictionarie of the French and English Tongues* (London, 1611; repr. Hildesheim: G. Olms, 1970)). The term here indicates something valueless, unimportant, in contrast with 'leur apparail et leur atour' (433). In the *Roman de Fortune*, another figurative meaning has been attributed to the term (Atherton, II, p, 403), 'embarras, sujet d'inquiétude', which the *Gdf* lists with a quotation from the manuscript Paris, Bibliothèque de l'Arsenal 2670, fol. 5^v, containing *Böece de Confort* (ed. by Noest, v. 615). The verse corresponds exactly to v. 437 here. Cf. also *DMF*, HIRAUDIE. B: *faire hiraudie*, 'faire du bruit, se manifester'.
561–68. The reviser seems to have somewhat lost his way. The gist is that there

were corrupt, dishonest witnesses, who, because they were poor, accepted payment, were bribed, and therefore are unlawful. His enemies thus (mis-) used his life and legitimate rights. Cf. 'Li mauvais m'ont fait par envie | Par trois faulx tesmoings accuser; | Les deux sont de mauvaise vie, | Pouvreté fait le tiers muser. | Par droit publique mauvaistie | Fait les tesmoings a refuser; | Et pouvreté l'omme desrie | Et de faulx traiz le fait user' (*RFF*, 825–32).

565. *Deffie*. The form might belong to *defoiier*, 'to fail in one's faith', or to *defier*, 'to challenge, call into contention, provoke', which seems apt here. The *DMF* DEFOIIER has the additional comment that in an example quoted from a text of *c.* 1360–99, the editor saw here a doublet of *defier*, 'provoke', and *foi*, 'faith'.

713–20. Cf. *CP*, I, 5, §5; *RFF*, 1169–76; Trevet, pp. 154–55, §15–§19. Romulus is not named in the Latin *Consolatio*.

723–24. Cf. Giuseppe Di Stefano, *Nouveau dictionnaire historique des locutions: ancien français — moyen français — Renaissance*, 2 vols (Turnhout: Brepols, 2015), I, 807b–c GRAIN; II, 1247b PAILLE.

729–36. The content of this octet corresponds to *RFF*, 1201–08, but the alternating rhymes *-ant* and *-ee* are those of *RFF*, 1177–84, an octet which has been eliminated. Verse 736 corresponds, however, to the last verse of the eliminated octet (1184).

785–1048. In Book I, pr. 6, the reviser followed Renaut de Louhans in substituting for the Latin *inquam* of Philosophie's interrogation of Böece a third person singular form of *dire* accompanying Böece's replies (789, 853, 885, 905); there is no comment clause accompanying the reply to the question (829–32). Cf. *RFF*, 1261, 1310, 1333, 1365, 1385. Other translations follow the Latin *inquam* and *inquit* to indicate the alternation of voices. Philosophie usually addresses Böece using the second person singular forms and his name, which conveys a sense of personal relationship. From the end of Book I, prose 5, she develops this further in the metaphor of the healing process. Hence the occurrence of 'dist il', 'dit il', in prose 6, instead of 'dis je', has the effect of momentarily distancing Boethius the author from Böece the protagonist. Likewise it seems to separate the reader/audience from the protagonist, 'je', with whom affinity might be felt, as the questions relate to the general human condition.

857. The *RFF* reading, 'Comment' (1337) has been substituted for the MS reading 'Homme', which does, however, reflect a subconscious association with the questioning and its wider relevance. Note for example verses 903–12.

865–66. To complete the meaning and the rhyme scheme, verse 865 has been added from *RFF* (1345). The last line of fol. 14^v (866) has been repeated as the first line on fol. 15^r, with a small variant and nine syllables: 'Que Dieux si est en son firmament' (cf. *RFF*, 1346: 'Que Dieux est en son firmament'). See also Rejected Readings.

903. The syntax is faulty. Cf. *RFF*, 1383: 'Quel chose est homs en sa substance'. The question in the reviser's mind was probably: 'Quelle est la substance'.

937–44. The reviser was led into errors of syntax because of changes he made in the source text. The *RFF* has verbs in the singular (1417–24). The aberrant plural verb in 'et ce moult les confortent' (940) has been retained for the sake of the rhyme.

945–52. The reviser changed the singular verbs of *RFF*, 1425–32 to plural (945, 946, 947, 949, 951) and moved what was the second verse of the strophe (*RFF*, 1426) to the fourth line (948), without modifying the singular verb 'a'. The rhyme pattern has become: *aabbabab*.

1049–72. Cf. *CP*, I, vii, 1–31. The reviser eliminated the metre proper (*RFF*, 1529–68), with Boethius's parallel of Nature's alternatives and clouding of the mind, retaining from *RFF*, 1569–92, the gloss derived from Trevet's commentary on the four passions of the soul (pp. 175–76, §20). See also Atherton, I, p. 209.

1080–82. Cf. Di Stefano, II, 1272a–b PARLER.

1325–26. *La chantepleure*. Derived from the requiem liturgy, the term conveys the antinomy of rejoicing and grieving. Cf. *RFF*, 1865–1904, and Atherton's comments (I, pp. 106–07). It is sometimes elsewhere associated with Fortune's mutations, e.g. *Le Roman de Fauvel par Gervais Du Bus*, ed. by A. Långfors (Paris: F. Didot, 1919; repr. 1978): 'C'est le gieu de la chantepleure' (2774). See also Di Stefano, I, 273a CHANTEPLEURE; Jean-Marie Fritz, 'La clepsydre et l'oxymore: variations sur la *Chantepleure*', *Romania*, 134 (2016), 346–401 (pp. 381, 394), with reference to only one translation of the *Consolatio*, Jean de Thys's *Boèce en rimes*, of which John Keith Atkinson's critical edition, based on Paris, BnF, fr. 576, is in preparation.

1332. There appears to be an erasure between 'chant' and 'ne'. Cf. *RFF*, 1873: 'Plus bel chant ne couvient pas querre'.

1482–85. The subject of the verbs is to be understood as 'convoiteux' (1479; cf. *RFF*, 2145–54). For this metre, Renaut de Louhans adapted the version (14 verses) of *Boeces: De Consolacion* (ed. by Atkinson, p. 66). See also Atkinson and Cropp, 'Trois traductions', pp. 207–08.

1494–95. The rhyme *liés* : *mielz* corresponds to *liez* : *miez* (*RFF*, 2169–70); *liez* (< LAETU), *miez* (< MEDUS), 'hydromel'. The rhyme confirms *mielz* as a form of *miez*, graphy attested in the *DMF* examples, s.v. 'miès'.

1678–1720. The abbreviated narrative of the Inconstant Scholar has been transferred from *RFF*, 2555–2690. Renaut de Louhans derived it from Nicholas Trevet's commentary on the thirteenth-century *Disciplina Scolarium* (pp. 228–29 [accessed 9 November 2017]). The satirical story sketches the drawbacks of seven occupations, tried successively and unsuccessfully, before a man opts to be an empty-headed ass. The lesson is explained (*DM*, 1721-32; *RFF*, 2691-714). See Dwyer, pp. 79-81.

1749. A six-syllabled verse. Cf. *RFF*, 2731: 'Mais sires de son cuer n'a garde'.

1837. A dwelling built close to the summit of a mountain risks exposure to wind (1833-37). The reading of the last words in verse 1837, translating 'montis cacumen alti' (*CP*, v. 7), is perplexing: 'assiz pres de nsson'. The *RFF* has 'assis en sonjon' (2821). Gilles Roques identified *sonjon* as a rare regional term ('Les Régionalismes dans les traductions françaises de la *Consolatio Philosophiae* de Boèce', in *The Medieval Translator: Traduire au Moyen Âge: La Traduction vers le moyen français*, ed. by Claudio Galderisi and Cinzia Pignatelli (Turnhout: Brepols, 2007), pp. 187-203 (pp. 201-02); compte rendu du *Livre de Boece de Consolacion* (ed. by Cropp), *Revue de linguistique romane*, 71 (2007), 578-81 (pp. 580-81)). The word is attested in the Franco-Provençal region, not far from Renaut de Louhans's region. Roques proposes that, finding the word obscure, copyists resorted to *som(m)on* (Lat. *summum*), as attested in *Boeces: De Consolacion* (ed. by Atkinson), II, iv, 3 (p. 70), and in *Le Livre de Boece de Consolacion*, v. 5 (p. 132 and Note, p. 290), where a gloss explains the meaning as 'sommet'. *Böece de Confort*, a Picard version (*c*. 1380; ed. by Noest), derived from Renaut de Louhans's *RFF*, has 'Quant il est assis ou sonjon' (2693). Interesting as these explanations are, it leaves the question of how to transcribe and interpret 'de nsson', which is clearly written. It might be considered to be a careless graphy of *pres du son* (=*som*) or, as was decided in the edition, be taken as *pres d'ensson*, 'near the top', if the adverb/preposition *enson*, 'on top, on a height', is considered as a substantive. The *DMF*, SON$_3$ A.1 'sommet' gives the example 'la Chité d'Oloferne, Rohais qui siet en son' (*Bât. Bouillon C.*, 1350, 41).

1910. 'tient'? 'tienz'? The reading is not clear. For the meaning, the reading of *RFF*, 2896, 'Car s'il est tous (*var*. tout) en la main destre', is preferable.

1965. The corresponding verse from *RFF* (2961) replaces a verse omitted, completing the meaning and the rhyme.

1982-83 (fols 32^{r-v}). About eighty verses of text, corresponding to vv. 2979-3058 of *RFF*, II, pr. 5, where Philosophie elaborates on the theme of sufficiency, have been omitted between the recto and the verso of fol. 32, without apparent loss of coherence.

2016-78. No folio is numbered '33'; hence the dual numbering 33/34 of folios in the edition.

2026-27. The copyist repeated the beginning of v. 2027 and the rhyme of v. 2026, creating an extra verse between vv. 2026 and 2027 of the edition. The supplementary verse has been eliminated, so that the edited text conforms in this respect with *RFF*, 3103–04: 'Quant s'arche d'argent n'est pas vuide, | Il trouve ce que fouïr cuide'. The reviser opted for a vain search, instead of an empty money-chest.

2102–68. Cf. *CP*, II, v, 1–30; *RFF*, 3191–288; Trevet, pp. 251–56 (pp. 252–53), on the four ages. See also Atherton, I, p. 209.

2114–15. The reviser abridged the *RFF* version of this part of metre v, leaving 'coulourer' without a rhyme and omitting the following nine verses of *RFF* (3222–30).

2359–78. Cf. *CP*, II, vi, 1–17; *RFF*, 3585–3618; Trevet, pp. 268–70. See also Atherton, I, p. 209. The reviser reduced the description of Nero's crimes to brief mentions; e.g. v. 2363 sums up the fire (*RFF*, 3585–3602). Verses 2369–78 correspond to *RFF*, 3619–28, with the difference that 'sires du monde' (3619) has become 'sires de Romme', and loss of the rhyme (*Romme : ronde*). Neither translator included the classical evocation of the natural world (*CP*, II, vi, 8–13); Trevet, however, referred to 'potestatem super omnes populos' (p. 270, §13).

2418–19. The subject of the verbs *dit* and *prouve* is *Thelomee* (2408). The syntax is a little contorted. Cf. 'c'est chose certainne' (*RFF*, 3678), with one variant: 'chose est c.' (Atherton, Variantes, II, p. 339).

2487–88. To complete the meaning and the couplet, *RFF*, 3836 has been added.

2542–43. The choice of *doubte* spoils the rhyme pattern, but was possibly influenced by the corresponding verses, *RFF*, 3957–58: 'La Mort les empereres donte, | Roy ne doubte, ne duc, ne conte'. Cf. *DM*, 3216–17: *monter : doubter*; 3433–34: *monte : doubte*. See the Introduction, Linguistic Features.

2562. *le tolereux tort*. The reading is clear: *tolereux*, 'thieving, robber'. The adjective derives from *toleor*, 'voleur, ravisseur' (*Gdf*, 7, 737), in the sense of taking something away from someone. The corresponding verse in *RFF* differs: 'Qui nasqui d'elle senz nul tort' (4031). The variants listed do not concord: Q. vainqui le colomne t. *N* Q. vainqui le couleuvre t. *BG* (Atherton, II, p. 341).

2563–65. The pronoun *ly* (2563) refers to Jesus (2562). The pronouns *y* and *luy* (2564) replace 'nous' (*RFF*, 4033–34) and thus represent a supposed general third person singular *on*, 'one', i.e. the dying.

2651–52. The two verses were copied in inverse order, with the copyist's marginal correction.

2677–79. Some confusion in the order of the seasons is apparent here, as also in the manuscripts of *RFF*, 4251–52, and Variantes, II, p. 343.

2763. The reading *soroit* is very clear, and shows the alternation of the vowels *o* and *e*, which cannot be attributed simply to scribal carelessness or an unsteady hand. Other unequivocal examples occur: *sons* for *sens* (340,

3249), *on* for preposition *en* (356, 1722), *empeschont* (3357), *vout* (4309). See the Introduction, Linguistic Features.

3032-33. By omitting *RFF*, 4613-22, the reviser avoided Renaut de Louhans's error of attributing to Nero an example concerning Nonius, a Roman statesman whom the poet Catullus satirised. See Atherton, II, p. 434.

3087-88. The meaning seems compressed. 'And they are on earth (i.e. in this world) powerless, much more than they are powerful'. *RFF* has: 'Que li roys soit plus non puissant | En terre qu'il ne soit puissant' (4681-82). The meaning is clarified by an additional verse between 4680 and 4681, as in the variant of MSS *BGLN*: 'Se felicité est puissance [puissante *N*] | Maleurté est non puissance [puissante *N*]' (Atherton, II, p. 349).

3146-49. *Comme* is interrogative, introducing an ironic question and answer. The reading *se doubtent* (3150), 'fear, be afraid', is clear, but *RFF* has 'avant se boutent', 'thrust forward' (4747), without any variants noted. Is it another case of scribal carelessness to correct? In her Introduction, Atherton cites this passage with its medieval, feudal association as one of Renaut de Louhans's own contributions to Boethius's work (I, p. 214).

3160. The expression *faire le char tourner* (cf. *RFF*, 4758) is not cited in the dictionaries, but can be related to *'tourner la charrue contre les boeufs*: To doe things preposterously' (Randle Cotgrave, Charruë). See also Di Stefano, I, 279c-80c CHARRETTE, CHAR, CHARRUE.

3175-82. Renaut de Louhans's attribution of this example to Nero (*RFF*, 4773-80) is mistaken. See Atherton, II, p. 434. The Roman Emperor Marcus Aurelius Antoninus Bassianus, known as Caracalla (188-217), put to death Aemilius Papianus (142-212), a Roman jurist.

3248-65. Successive French translators used the word *gentillesse*, here personified in the manuscript (3250), to translate Boethius's *nobilitas* (*CP*, III, 6, §7-§9), explaining its meaning in terms of behaviour and appearance.

3270. The rhyme is incomplete. The author omitted the image of the stars, sun and moon lighting the world below, all under God's power, which follows in *RFF*, 4874-82.

3293-3306. This anecdote, which occurs also in *RFF*, 4905-18, is explained in some manuscripts of the *Livre de Boece de Consolacion* by a gloss: 'On raconte que Demostenes convoita moult une femme durement belle apelee Thaÿs, et la requist de fole amour. Elle lui dist qu'elle feroit son plaisir mais qu'il ly donnast cent deniers. A quoy respondi Demostenes qu'il ne vouloit pas si chierement achater son repentement. Car le pechié de luxure est acompaignié d'angoisse que on a pour le faire et tantost qu'il est acompli, si vient repentance' (Aberystwyth, National Library of Wales, MS 5039D, fol. 160va), quoted in the edition of the *Livre de Boece*, p. 303. Trevet attributed the anecdote to Valerius Maximus (pp. 357-58, §1 (accessed 31 July 2017)).

3352. The reading *doultance* is clear. It is probably a case of confusion of *doliance / douliance*, 'woe', and *doubtance*, 'doubt'. The basis of correction is *RFF*, 4964: *doulente*.

3423–26. The loss of rhymes is probably attributable to elimination of details in *RFF*, 5037–44: 'Uns thoreaulx est plus fort senz faille | Que cil qui fait champ de bataille; | Qui le verroit quant il menace | Ferir du pié enmy la place, | Faire voler celle poussiere | Et par devant et par darriere, | Bien diroit qu'il est orguilleux, | Hardiz et fors et courageux'.

3469–98. Cf. *CP*, III, 8, §10; *RFF*, 5089–5118; Trevet, pp. 366–68, §21. See also Atherton, I, p. 209. The translations correspond closely.

3492–93. Scribal confusion. The last line of fol. 56^v reads: 'Et par dehors est tant polis', with the catchword 'Par dedens'. The first two lines of fol. 57^r read 'Et par dedens est tant polis | Par dedens est tant plains d'ordure'. The first line of fol. 57^r has been eliminated in the edition.

3499–3514. Cf. *CP*, III, 8, §10; *RFF*, 5119–36; Trevet, p. 367, §22–§26, with mention of Isidore of Seville and Pliny the Second (the Younger) as sources.

3543–50. This is an allusion to the *echinus*, sea urchin or porcupine fish, and its ability to immobilise ships, according to Isidore of Seville (*Etymologiae*, XII, 6. 34), who is often quoted in this connection, as in the commentaries of Nicholas Trevet and of Guillaume de Conches. See Trevet, III, viii, §6–§10, p. 370 (accessed 31 July 2017); Guillelmi de Conchis, *Glosae super Boetium*, ed. by L. Nauta, Corpus Christianorum Continuatio Mediaevalis, 158 (Turnhout: Brepols, 1999), p. 140, notes.

3575–3735. In Book III, 9, where Philosophie interrogates Böece (cf. I, 6), both the *RFF* (5221–5382) and the *DM* (3575–3735) have dispensed with questioning and attribute to Böece and Philosophie two sections each of uninterrupted discourse. Other translators remained faithful to the Latin question and answer format.

3585. The plural 'richesses' is taken as a collective plural, with a singular verb, as with the other abstracts (3586–90). Cf. 'richesses [...] grans noblesses' (1654–55).

3623. The rhyme is incomplete. The corresponding couplet in *RFF* is: 'Et de tous les autres aprés, | Car sont ensemble si de pres' (5269–70).

3629. Cf. *RFF*, 5276: 'De ces cinq biens ou plus petit'.

3682, 3704, 3868, 3893, 3913. Space for the names of Böece and Philosophie is blank, with a marginal instruction for the illustrator (fols 60–63).

3736–67. III, ix. This metre is considered pivotal in the exposition of Boethius's philosophical thought. The difference in length (*DM* 32 vv.; *RFF*, 5383–5466, 84 vv.) is significant. The reviser acknowledged in the first two verses (3736–37) God the Creator and ruler of the world, in praise of whom Renaut de Louhans had devoted fifty-four verses (5383–5436), evoking the creative role of the four elements and the intermediary activities of angels and spirits. The reviser made an easy transition (3738-40) to the second part of Renaut's metre (5437-66), with very few variants. One couplet has been slightly rearranged: 'Que la vertu de ta lumiere | Nous puissons veoir clerement' (*DM*, 3749-50), 'Qu'en la vertu de ta lumiere | Te puissions veoir clerement' (*RFF*, 5448-49). In v. 3754, which was added by the copyist in the right margin, 'la puissance' replaces 'la pesance' (*RFF*, 5453). The reviser thus converted the hymn into a concise poetic prayer, appealing to God the Father to reach out to those who seek Him. It is noteworthy that the prayer is defined as a 'chançonnette' (*RFF*, 5382), 'chanchonnete' (*DM*, 3734), to be sung softly.

3803. A good example of abridgement of *RFF*, 5557-66, with omission of the historical allusion to Romulus and the founding of Rome, containing, however, reference to a 'maison de refuge | Par raison de son previlege' (5565-66), which no doubt inspired *DM*, 3802, and an additional Christian notion (3803). See also the earlier allusion to Romulus, *DM*, 713-20.

3976-78. *passer : aler* (3976-77) is assonance rather than rhyme; v. 3978 lacks a rhyme, whereas the corresponding verse in *RFF* is followed by: 'Mais enmy voye demourroit' (6032), which is not necessary for the meaning, but completes the rhyme.

3987. Another instance of an incomplete rhyme to be explained by omission of a verse in *RFF*: 'Qui par leur tresgrant couvoitise' (6041), here considered superfluous as v. 3986 had adequately expressed the idea.

4058-4123. By a series of animal examples and associated moral characteristics, Boethius illustrated his thought that humans who are wicked cease to be human and sink to the level of animals (*CP*, IV, 3, §16-§20). Renaut de Louhans (6121-82) and the reviser, as well as the author of *Böece de Confort* (Noest, 7277-7340), all amplified the text. In contrast, other translations (*Boeces: De Consolacion* (p. 107), *Le Livre de Boece de Consolacion* (pp. 114-21, including a short gloss), and *Le Livre de Confort remanié* (ed. by Cropp, pp. 114-21), and Nicholas Trevet's commentary (pp. 556-57, §57-§66 (accessed 16 August 2017)) all remain closer to the fairly concise Latin text. The moral traits cited are more or less conventional. See Di Stefano: wolf (II, 982-85 LOUP); dog (I, 320b CHIEN); fox (II, 1509c-512a RENARD); lion (II, 965b-c LION); deer (I, 256c-57b CERF, but only one example cited expresses fearfulness, the dominant characteristic being rapidity, speed); donkey/ass (I, 52c ANE); bird (II, 1211b-c, 1212b OISEAU); sow (II, 1730-31 TRUIE).

4124-51. IV, iii. The first ten verses appear to be original, a brief summary of the Ulysses and Circé narrative, without detail. An echo of *RFF* (6196) and of *Böece de Confort* (7856) is discernible.

4204–07. *Noctue*, 'owl', of the kind known also as *chouette*, with comments on the difference between its vision by day and by night (*DMF*, NOCTUE). Boethius's comparison of humans to birds ('quarum intuitum nox illuminat, dies caecat', *CP*, IV, 4, §27, ll. 85–86) prompted Nicholas Trevet to quote Isidore of Seville's *Etymologiae*, book XII, in a lengthy explanation of the 'bubones et noctue' (pp. 579–81, §95–§99).

4234. An incomplete rhyme to be accounted for by omission of a verse in *RFF*: 'Ne gaires ne demourera' (6338), which is not essential for the meaning.

4334–39. An interesting departure from *RFF*, 6448–52: 'Pour ce leur donne Dieu tristesses | Et les demainne durement; | Et aucuns sueffrent tel tourment | Que par leur mort tresprecïeuse | Gaingnent la vie glorïeuse'.

4556–61. The two versions of IV, 7 correspond quite closely up to this point, where the *RFF*, 6640–68 concludes, and the *DM*, 4527–55, has six more new verses, adding saints and scholars searching for divine grace among the paragons to emulate.

4562–69. The reviser retained from IV, vii in the *RFF* only the final exhortation (7145–52).

4570–74. Verses 4571–72, 4574 of the Epilogue correspond to *RFF*, 7875–76, 7877, at the end of Book V, 6.

TABLE OF PROPER NAMES

Not all instances of frequently repeated terms (e.g. Böece, Dieu, Fortune, Felicité, Philosophie) are listed. Personified abstract terms are included.

Adam, 2537: Adam, the first man (Genesis 1. 26–28; 2. 7, 18–25).
Amour, 2669, 2671, 2674, 2681, 2682, 2694, 2699, 2702, 2707, 2708, 2711, 2714, 2717, 2718, 2719: Love.
Anaxagoras, 371, 377: Anaxagoras (*c*. 500–428 BC), Greek philosopher of the Ionian school.
Arcipres, 3470: Alcibiades (*c*. 450–404 BC), Athenian general, famous for his beauty and often taken to be a woman.
Aristotes, 3473, 3507: Aristotle (384–322 BC), Greek philosopher, pupil of Plato, and founder of the Peripatetic school.
Arturus, 629: Arcturus, principal star in the Arctophylax constellation, the Great Bear.

Böece, 7, 25, 50, 61, 283, 347, 817, 1083, 1367, 1577, 1590, 1607, 1940, 2379, 2393, 2730, 2979, 3575, 3682, 3841, 3870, 3893: Anicius Manlius Severinus Boethius (*c*. 480–525), philosopher, Roman senator, minister at King Theodoric's court, author and interlocutor of the *Consolatio Philosophiae*.
Bructus, 2570, 2583: Lucius Junius Brutus, principal instigator of the revolution which achieved the expulsion of the Tarquins from Rome and established the Republic (509 BC); consul, he condemned his sons who had conspired to restore royalty.

Caton, 2574, 2583: Marcus Porcius Cato (234–149 BC), Roman statesman, elected censor in 184 BC.
Chancre, 753: the fourth zodiac sign, Cancer, the crab, when the sun enters the summer solstice.
Consolacion, 8, 4589: Consolation.
Createur, 585, 2065, 2489: Creator, God the Creator.

Denis, 3102: Dionysius (405–367 BC), tyrant of Syracuse (430–367 BC).
Dieu, 17, 31, 32, 42, 444, 545, 584, 669, 703, 705, 791, 866, 982, 1012, 1545, 1953, 2063, 2156, 2270, 2504, 2672, 3269, 3567, 3769, 3848, 3900, 4313, 4392, 4400, 4453, 4489, 4496, 4510, 4516, 4575: God.

Epicurus, 2873: Epicurus (341–270 BC), Greek philosopher, founded the Epicurean school, taught that pleasure consisting of right living was the highest good, but his teaching was reduced to the search for luxury and easy pleasures.

Fabrice, 2566, 2583: Gaius Fabricius, consul in 282 and 278 BC, famous for the simplicity of his habits and manners, the frugality of his lifestyle and his honesty.

Felicité, 1764, 1766, 2760, 2768, 2777, 2799, 2861, 2863, 2872, 2874, 2962, 2970, 2973, 2978, 3003, 3084, 3096, 3282, 3323, 3338, 3386, 3388, 3392, 3463, 3678, 3694, 3703, 3717, 3725, 3745, 3771, 3774, 3778, 3847, 3881, 3954, 3961, 3965, 4587: Felicity.

Fortune, 5, 11, 46, 128, 136, 272, 275, 292, 458, 462, 643, 663, 721, 730, 802, 999, 1031, 1099, 1120, 1158, 1165, 1180, 1185, 1206, 1216, 1223, 1242, 1248, 1254, 1263, 1271, 1272, 1291, 1296, 1306, 1329, 1335, 1338, 1343, 1365, 1476, 1490, 1526, 1552, 1568, 1604, 1611, 1626, 1648, 1654, 1668, 1800, 1804, 1854, 1864, 1891, 1968, 2004, 2009, 2014, 2042, 2351, 2608, 2610, 2614, 2618, 2626, 2629, 2634, 2635, 2645, 2648, 2738, 2857, 3199, 3201, 3203, 4461, 4521, 4524, 4538: Fortune, Roman divinity, personification of chance and the unforeseen.

Gentillesse, 3250: Nobility, dependent on courteous behaviour; see the Notes on the Text.
Gouverneur, nostre, 1007: Our Lord.
Gouverneurs, 531: those responsible for civic government.
Grece, 4124: Greece.

Jhesum, 2561: Jesus Christ.

Marie, 2561, 4582: Mary, the mother of Jesus Christ.
Mede, 3406: Media, an empire in the north-west of ancient Iran, ended *c.* 550 BC by the Persian Cyrus.
Mort, 2532, 2536, 2541, 2542, 2547, 2548, 2553, 2554, 2559, 2560, 2565, 2582: Death.
Muserie, 196, 219: the Muses.
Musique, 1150, 1303, 1364: Music.

Nature, 766, 1572, 1967, 1978, 1981, 1992, 2036, 2055, 2107, 2121, 2163, 2672, 2705, 3065: Nature.
Neron, 2361, 3046, 3152, 3153, 3156, 3160: Nero Claudius Caesar Drusus Germanicus, Roman Emperor (AD 54–68), who condemned Seneca to death. On two further erroneous occurrences of 'Neron' (vv. 3176, 3178), see the Notes on the Text.

Papirion, for **Papinian,** 3175: Aemilius Papinianus (142–212), who was condemned to death by the emperor Caracalla. See the Notes on the Text.
Pere, 3736: God the Father.
Peresse, 400: Sloth, one of the Deadly Sins.
Perse, 3406: Persia.
Philosophie, Philozophie, 299, 675, 913, 1077, 1361, 1492, 1506, 1577, 1586, 1614, 1950, 2391, 2726, 2744, 2788, 2997, 3576, 3704, 3840, 3868, 3892, 3914: Philosophy, Boethius's interlocutor.
Platon, 364, 380, 525, 537, 3720, 3844: Plato (427–347 BC), Greek philosopher, disciple of Socrates and founder of the Athenian Academy.

Raison, Rayson, 329, 788: Reason.
Retorique, 1149, 1154, 1302, 1363: Rhetoric.
Rome, Romme, 36, 62, 405, 713, 2189, 2360, 2363, 2364, 2369, 2435, 2579: Rome, capital of the Western Empire until 476.
Rommenie, 960: Rome.
Romulus, 713: Romulus, legendary founder of Rome (753 BC), and first king.
Roy, 1019, 4352: King (of paradise, heaven).

Sal[e]mons, 420: Solomon, the third king of Israel (970–931 BC), son and successor of King David. His wisdom is recorded in the Old Testament Book of Proverbs.
Seigneur, nostre, 1001, 1034, 4227, 4435: Our Lord; 3723: le Seigneur du ciel et de la terre; 4575: Dieu le Seigneur tout puissant.
Seneque, 3152, 3153, 3157, 3169: Seneca (AD *c.* 2–65), Roman philosopher, who, in accordance with the emperor Nero's command, committed suicide.
Siraines, 235: Sirens, fabulous monsters, part women, part fish; Philosophie uses the term to address the Muses.
Sire, 641, 647, 669, 3763, 3867: Lord God.
Sainctifiéz, 4585: (the) Sanctified.
Socrates, 381, 387: Socrates (*c.* 470–399 BC), Athenian philosopher whom Plato followed. He laid the foundation of formal logic. Accused of impiousness and corruption of youth, he was condemned to death.
Syrus, 631: Sirius, the Dog-star, the brightest star in the August sky, supposed to cause great heat.

Thaÿs, 3293: Athenian courtesan with whom Demosthenes (*c.* 384–322 BC) fell in love. See the Notes on the Text.
Thelomee, 2408: Ptolemy (*c.* 100–170), Greek astronomer, geographer, and mathematician, whose system accounts for the apparent motion of the heavenly bodies.

Tout Poissant, Tout Puissant, 1, 729: Almighty God.
Trinité, 4576: the Trinity.
Troye, 4125: Troy, the city besieged by the Achaeans for ten years, according to Homer's *Iliad*.

Ulixes, 4124, 4130: Ulysses, king of Ithaca, Greek hero of the Trojan War.

Zephirus, 625: Zephyr, the west wind in Greek mythology; it became the name for a light, gentle wind.

GLOSSARY

The Glossary contains the terms which might be difficult to interpret. It includes a limited number of instances of terms which recur. In general, verbs are given in the infinitive. The main reference sources are: *Dictionnaire du moyen français* (DMF 2015), <http://www.atilf.fr/dmf>, ATILF/CNRS — Université de Lorraine; Stefano Di Giuseppe, *Nouveau dictionnaire historique des locutions: ancien français — moyen français — Renaissance*, 2 vols (Turnhout: Brepols, 2015).

Abbreviations

adj.	adjective
adv.	adverb
conj.	conjunction
f.	feminine
ind.	indicative
inf.	infinitive
inf. subst.	substantified infinitive
m.	masculine
p. p.	past participle
pl.	plural
pr. p.	present participle
pron.	pronoun
s.	substantive
sg.	singular
subj.	subjunctive
v.	verb
v. i.	intransitive verb
v. r.	reflexive (pronominal) verb
v. t.	transitive verb

abaier *v. i. bark*: 4082.
abatre *v. t. oppress, overwhelm*: 482, 484, 2238.
abonder (en) *be full of*: 1806.
abscondre *v. t. hide*: 600.
acorder (a) *v. r. be in agreement with*: 4498.
adés, adéz *adv. always, still*: 280, 361, 1350, 2459, 2852, 3379, 4272, 4370.
adresse *s. f. direction, path*: 3875.
adresser *v. t. direct, point*: 3874.
afiné *p. p. as adj. refined*: 2727.
agaitier *v. t. look out for*: 4063.
agaster *v. t. spoil, waste*: 3850.
agu *adj. sharp*: 3116, 3504, 4074.
aguillon *s. m. sting*: 3368. See also **esguillon**.
aidant *pr. p. as adj. helpful*: 2564.
alegement *s. m. relief*: 1513.
aligné *p. p. as adj. well proportioned, slim*: 3480.
aliphant *s. m. elephant*: 3403. See also **oliphant**.
amptonne *s. m. autumn*: 629. See also **antonne, antopne**.
ancienneté *s. f. ancient times*: 358.
anjoindre *v. i. join with*: 2279.
antonne *s. m. autumn*: 2678; **antopne**: 619.
aourer *v. t. worship*: 366, 447.
aourner *v. t. adorn*: 104; (paroles) *aournees eloquent*: 1511.
aparager *v. r. be comparable to*: 4584.
aparoir *v. i. appear, be evident*; **apart** *pr. ind. 3*: 742, 1848; **ap(p)ert** *pr. ind. 3*: 140, 398, 3643, 3670.
apert (en) *adv. openly, obviously*: 1808, 2048.
apparail *s. m. equipment*: 432.
appareillier *v. t. prepare, arrange*: 814, 2599, 3120, 3596.
apuiier *v. t. rely upon, trust*: 2840.
aquerir, aquerre *v. t. acquire, earn, procure*: 2387, 2412, 2805, 3833, 4000, 4551, 4554.
aqueurent *pr. ind. 6 acorre v. i. come running*: 2289.
ardre *v. i burn*: 1732, 2363.
arragé *p. p. as adj. mad, angry*: 4078.
arrasonner *v. t. address s. o.*: 202; **araysonner** *v. r. give reasons, explain o. s.*: 727.
asaignement *s. m. advice, information*: 2657.
ascroistre *v. t. increase*: 3036.
asne *s. m. donkey, ass*: 492, 1717, 1718, 4109, 4110.
as[s]avoir (faire) *v. t. make known*: 2093, 2672, 3298, 4046.
assegé *p. p. as adj. besieged*: 427.
atant *adv. now, then, at that point*: 3453.
atirer *v. t. torment*: 1357.
atisier *v. t. excite, inflame*: 941, 2143, 3288.
atour *s. m. equipment, gear*: 432; *pl. attire, dress*: 4304.
atourner *v. t. turn towards*: 330.
atraire *v. t. attract*: 2864.
atremper *v. t. moderate*: 383, 516.

Glossary

autesse *s. f. high rank, importance*: 1107.
aver *adj. avaricious, miserly*: 1867, 1881, 2057, 2305.
avironner *v. t. surround, go through*: 684, 3419, 3536.
avisé *p. p. as adj. with sound judgement*: 2792.
aviseement *adv. sensibly*: 1589.
avisement *s. m. counsel, advice*: 784; **jour d'avisement** *recess, adjournment*: 135.
aviser *v. r. reflect, consider, change one's mind*: 1347, 1872.
ayse *adv.* **tenir ayse** *live comfortably*: 109.
ayses *s. f. pl. contentment, pleasure*: 3321, 3642, 3700, 4434, 4440, 4451 (aise), 4456.
aysier *v. r. enjoy o. s., relax*: 114.
azeille *s. f. bee*: 3372.

baillie *s. f. power, possession*: 816, 958.
baillier *v. t. give, deliver, surrender*: 490, 933, 1216, 1701, 2014, 3617.
barat *s. m. ruse, deceit*: 655, 4087.
basset *adv. quietly, softly*: 1346.
baud *adj. bold, keen*: 2560.
bel *adj. beautiful, pleasing*: 1332, 3512; *s. m. fine words*: 2586; *adv. eloquently*: 1154, 1370.
bemol *s. m. musical note, b flat; can denote sweet-sounding music*: 1327, 1328, 1342.
bequarre *s. m. musical note, b natural*: 1328, 1342.
bersaut *s. m. target*: 3180.
ber(s)torner *v. t. overturn, upset*: 328, 2042.
besant *s. m. bezant, gold coin from Byzantium*: 3300.
besoigne *s. f. matter, affair*: 3721, 4304, 4308.
besoignier *v. i. work*: 4108.
bestourner *v. t. overturn, upset*: 276.
bise *s. f. north wind*: 763.
blandir *v. i. flatter*: 4088.
bobant *s. m. arrogance, ostentation*: 418.
boe *s. f. mud, mire*: 1459.
bon *s. m. advantage*: 3060.
bourse *s. f. purse, money-bag; account, cash-box*: 1117, 3641.
bouter *v. t. push, shove*: 2954, 4072.
branc *s. m. sword*: 3122.
brun *adj. dark, gloomy*: 271, 806.
buverie *s. f. drinking*: 3308.

cas *s. m. event, occurrence*: 4393.
chace *s. f. hunt, chase*: 2897.
chacier *v. t. hunt, pursue*: 2898.
cha(i)enne *s. f. chain, pillory*: 2320, 4033.
chaiere *s. f. chair*: 3114.
chambellain *s. m. chamberlain, steward*: 3148.
chamjable *adj. inconstant, variable*: 4113; **changable**: 1307.
chanchonnete *s. f. little song*: 3734.
chantepleure *s. f. song of sadness, lament*: 1325, 1326. See the Notes on the Text.

chapler *inf. subst. striking, hammering*: 3439.
char (faire le char tourner) *s. m. overturn the cart,* (fig.) *upset, reverse the order (of things)*: 3160. See the Notes on the Text.
charche *s. f. search*: 2026.
charmes *s. f. pl. magic spells*: 4138, 4148.
charnalité *s. f. sensuality, sensual pleasure*: 3281.
charnel *adj. sensual*: 3279, 3288, 3290, 3333, 3589.
charongne *s. f. corpse*: 4017.
chergens *s. m. servant, court official, man at arms*: 2030.
chetif *adj. miserable*: 3539, 4180.
chetiveté *s. f. misery, misfortune*: 119, 680.
chevanc(h)e *s. f. possessions, wealth*: 1859, 2105, 2128, 3360.
chevetaine *s. m. captain, leader*: 656.
chier *adv. dearly*: 454.
chieux *prep. in the case of, with*: 1347; **chiez** *in the house of*: 2154.
claré *s. m. wine flavoured with honey and spices*: 2113.
clargie, clergie *s. f. knowledge, learning*: 191, 231, 919, 1037, 2296, 2848.
coi *adj. tranquil*: 1940.
comparer *v. t. pay for*: 454; **compere** *pr. ind. 3*: 2557, 4242.
compas *s. m. measure, order*: 796, 826.
confouler *v. t. trample underfoot, destroy*: 552, 664.
conseil(l)eur *s. m. consul*: 2197; *counsellor*: 2838, 3148.
contenement *s. m. appearance*: 263; *state (of being),* **en mon grant c.** , *in my most favourable state*: 2991.
contredit *s. m. contradiction;* **sanz contredit** *readily, promptly*: 2985.
contrefait *adj. deformed, misshapen*: 3274.
convencion *s. f. agreement*: 3673.
copie *s. f. abundance*: 3407, 4423.
corsage *s. m. body, physical build*: 3502, 3545.
couart *adj. coward*: 4530.
coulourer *v. t. colour, dye*: 2114.
courage *s. m. mind, intention, thought*: 2789, 3344.
couvine *s. f. intention, condition*: 4319.
couvoiteux *adj. covetous, eagerly desirous*: 1479, 1488, 2090, 3627, 4068, 4335.
couvoitier *v. t. covet*: 1926, 2172, 2305, 3069, 3296, 4062.
couvoitise *s. f. covetousness*: 460, 474, 482, 1094, 1437, 1486, 2132, 2144, 2148, 2161, 2164, 2380, 3287, 3303, 3630, 3652, 3671, 3789, 3963, 3986, 3996.
crëable *adj. believable*: 586.
cruel *adj. cruel, formidable*: 2917, 2918.
curer *v. i. take care*: 3557.
cusançon *s. f. anxiety, worry*: 3099, 3111.

dangereux *adj. hard to please, exacting*: 1658.
dangier *s. m. power, authority, control*: 2011, 2012, 2013, 2025, 2033, 2040, 3061.
debatre *v. t. beat, strike; dispute*: 2317; *v. r. become agitated, excited*: 1188.
debrisier *v. t. shatter, break, crush*: 667, 1900, 2317; *v. r. wear o. s. out*: 3173.
dechacier *v. t. pursue, chase, drive away*: 406, 536, 664, 3752, 3831.

dectraccion *s. f. calumny*: 4085.
defaillir *v. i. be lacking or deficient, come to an end*: 23, 834.
def(f)faire *v. t. alter, undo*: 49; *kill*: 3182; *destroy, put an end to*: 3444, 3825.
deffier *v. t. call into contention or fail in one's faith*: 565. See the Notes on the Text.
defouler *v. t. trample underfoot, ill-treat*: 406.
degetter *v. t. reject, drive out*: 535.
delicïeux *adj. impatient, fastidious*: 351, 1659; *sensitive*: 1618; *self-indulgent*: 1659, 1663, 1664; *enjoyable, pleasant*: 1683.
demaine *s. m. power*: 52.
demener *v. t. treat, mistreat, govern*: 2934, 3350.
demouree *s. f. residence*: 2972, 3393.
denier *s. m. small coin*: 1866, 1874, 2096.
denrrees *s. f. pl. favours*: 2018.
deporter *v. r. say no more about, abstain from*: 288.
deprier *v. t. entreat*: 124.
deputaire *adj. evil, wicked*: 2618, 4201.
descognoissans *pr. p. as adj. ignorant, unaware*: 2641.
descovrir *v. t. unmask, reveal*: 3024, 3035.
deserté *p. p. as adj. deserted, ruined*: 2423.
desguisé *p. p. as adj. strange, deceitful*: 2103, 2431, 4193.
deslöer *v. t. advise against, disapprove of*: 3346.
despendre *v. t. spend*: 3661, 3690.
despensse *s. f. expense*: 1983.
despour[v]üement *adv. unexpectedly*: 1110.
desprisier *v. t. scorn, disdain*: 3631, 3642, 3653, 3664, 3670, 4558.
despueillier *v. t. strip*: 612.
desraisonner *v. t. lead astray, make irrational*: 688.
desrayson *s. f. folly, what is contrary to reason*: 696.
desrëer *v. t. disturb, upset*: 779.
desrivé *p. p. as adj. disordered*: 2141.
de(s)rompre *v. t. break up, disperse*: 2932, 3665, 3752.
dessirer *v. t. tear*: 2932, 4073; *(fig.) hurt*: 1090, 1360, 4035.
destramper *v. t. trouble, disrupt (what is regular)*: 755.
destreit (tenir a d.) *s. m. keep confined, constricted*: 1441.
devise (a sa) *s. f. at will*: 458.
deviser *v. t. distinguish, describe*: 2102, 2408, 2585, 3207.
devoré *p. p. as adj. consumed*: 2664.
devotement *adv. devoutly, assiduously*: 3729.
devourer *v. t. devour*: 3380.
di *s. m. day*; **tous diz** *always*: 19.
diffame *s. m. infamy*: 4085.
diffamer *v. i. dishonour, defame*: 4076.
disposser *v. i. be disposed to*: 2747.
distincion *s. f. difference, distinction*: 2655.
doctrine *s. f. learning, scholarship*: 323, 376, 4130, 4557.
doilet *adj. fragile, delicate*: 1659.
doublerie *s. f. duplicity*: 3001.

doubtance *s. f. fear*: 3127, 3140, 3142, 3144, 3185, 4380.
doulant *adj. sorrowful*: 3352. See the Notes on the Text.
droit (a) *adv. rightly, appropriately*: 2481.
droiture *s. f. justice, right*: 2138, 2150, 2235, 2571, 4447, 4467.

ebahir *v. r. be astonished, be amazed*: 255.
egaire *adj. equal*: 161.
empaindre *v. t. strike with violence*: 1835; *urge, incite*: 2954.
emport *s. m. favour, benefit*: 683.
emprendre *v. t. undertake*: 4563.
emspeschement *s. m. difficulty, obstacle*: 1713.
enchanterresse *s. f. sorceress*: 4126.
encharnel *adj. sensually satisfied*: 3280.
enfumer *v. t. darken, trouble*: 3808.
engorgier *v. t. swallow*: 3316.
engouler *v. t. devour, consume*: 2697.
ensaigne *s. f. sign, mark*: 2655.
ensaignier *v. t. teach, instruct*: 538, 2632, 2654, 3720.
ensserrer *v. t. grasp, hold tightly*: 292, 2551.
ensson *s. m. on top*: 1837. See the Notes on the Text.
entachié, entechié *p. p. as adj. marked, corrupted*: 3220, 3355, 4155; *infected (with poison)*: 4079.
entendant *pr. p. as adj. informed, wise*: 1075.
entrapper *v. r. become caught*: 2013.
envïeux *adj. subst. envious, jealous*: 59, 359; *hateful opponent*: 405.
escripture *s. f. writing, inscription*: 174; *writings, book*: 2450, 3427.
esguillon *s. m. sting*: 3373, 3374, 3376, 3379. See also **aguillon**.
esguillonné *p. p. as adj. goaded, incited*: 4333.
eslayssier *v. r. rush*: 2948.
eslire *v. t. take away, remove (from), deprive of*; **eslite** *p. p. f. sg. exempt from*: 3366.
eslit *adj. excellent, perfect*: 2855.
esmoulu *adj. sharp*: 4075.
esqueut *pr. ind. 3* **escorre** *v. t. shake, snatch, seize*: 3668.
essaucier *v. t. exalt*: 4362.
essillier *v. t. exile, exclude*: 562, 679, 698, 699, 706.
estable *adj. firm*: 1775, 1781.
estableté *s. f. constancy*: 1779.
estressier *v. t. make narrower, limit*: 4011.
estret *adj. restricted*: 3095.
esvertuer *v. r. strive, make all efforts*: 2231.
euffre *pr. ind. 3* **offrir**, *offer, give*: 1267.
exploit *s. m. chance (DMF s.v. exploit B.1)*: 465.

fal(l)ace *s. f. deceit, ruse*: 1132, 1169, 2622.
fame *s. f. fame, reputation*: 2479, 2575.
fausset *s. m. high-pitched voice, falsetto*: 1350.
feble *adj. weak*: 3274; **foible** *adj. as s. m.*: 557; *adj.*: 2227, 2241.

felon *adj. evil, wicked*: 4099.
felon *s. m. villain, traitor*: 439, 2378, 3922, 3995, 4005, 4473.
felonnie *s. f. wickedness, crime, treachery*: 126, 418, 2376, 4052.
ferir *v. t. strike*: 627.
figure *s. f. shape, form*: 176.
finement (prendre) *s. m. come to an end, die*: 672.
finer *v. i. come to an end*: 130, 327, 2726, 3701.
flebesse *s. f. physical weakness*: 93, 286; **foiblesse**: 4010.
forain *adj. outside, external*: 3858.
forbanir *v. t. banish, exile*: 716.
force *s. f. effort*; **ne faire force de** *not to be concerned about*: 558, 4419.
forcené *p. p. as adj. frenzied*: 200, 1099.
forcener *inf. subst. rage, act irrationally*: 294.
forcenerie *s. f. fury*: 298.
forfaire *v. r. do wrong, transgress*: 3265.
forlignier *v. i. depart from the right path*: 3265.
forment *adv. greatly, intently*: 51, 665, 4258.
fortrere *v. t. remove, seize*: 4064.
forvoier *v. i. stray from the right path, lose one's way*: 581.
fourré *adj. trimmed or lined with fur*: 3641.
franchement *adv. freely*: 581.
frele *adj. weak*: 3497.

gaires (il n'a g.) *adv. recently, not long ago*: 2981.
garir *v. i. get better, get well*: 738.
garison *s. f. healing, recovery*: 1048.
garredon *s. m. reward*: 2493.
garsennaille *s. f. young servants*: 3131.
gieu *s. m. game, sport*: 1340, 1448.
glorifier *v. t. extol*: 3238, 4586; *v. r. pride o. s. on, boast*: 1955, 1961, 1994, 2480, 2505.
gouleux *adj. greedy*: 1981.
gracïeux *adj. courteous, friendly*: 882, 2741, 3446.
grevable *adj. harmful, noxious*: 2780.
grïement *adv. seriously, gravely*: 780.
guerredonner *v. t. recompense*: 4044, 4190, 4347, 4481.
guise *s. f. manner, fashion*: 1424, 1436, 1751, 2131, 2795; **estre en une guise** *be as one likes*: 464.

habitacion *s. f. habitation, dwelling place*: 2427.
happer *v. t. seize, grab*: 2010.
hardïement *adv. confidently*: 895.
haultement *adv. in an elevated position, on high*: 1588; **haustement**: 129, 1121; **hautement**: 668.
hautesse *s. f. high rank*: 1851.
hebahis *p. p. as adj. dismayed, astonished*: 4258. See **ebahir**.
heraudie *s. f. paltry garment*: 437. See the Notes on the Text.
hoster *v. t. remove*: 331.

Glossary

hurter *v. i. strike, attack*: 1612.

in(n)iquité *s. f. iniquity, injustice, unfair action*: 529, 4186, 4385, 4404, 4421.
inniquiteux *adj. unfair, unjust*: 61.
istoire *s. f. story*: 1678, 3152.

jennesse *s. f. jeunesse*: 91.

laidure *s. f. wrong, shame*: 267; *ugliness*: 2089.
lé *s. m. milk*: 311.
leesse *s. f. happiness, joy*: 3620.
lices *s. f. pl. limits*: 975, 2890.
lié *adj. happy, glad*: 1494.
lieu *s. m. place*: 36; **liu**: 1885; **lieux**: 3093; **lyeux**: 3498; **liex**: 2439.
lin *s. m. lynx*: 3484, 3499, 3501.
loberie *s. f. deception, flattery*: 1179.
loier *s. m. reward, recompense*: 2491, 4493; **louyer**: 4047, 4277; **loyer**: 4051, 4055.
los *s. m. reputation, honour*: 3758.
losangier *v. i. flatter*: 1242.
losengerie *s. f. flattery, blandishments*: 221.
lou(p) *s. m. wolf*: 3502, 4067, 4070.

mace *s. f. mace, club*: 4027.
maille *s. f. small coin; a speck, bit*: 1217.
mailler *v. t. strike with a hammer, fight*: 4529.
main *s. f. direction*: 1794.
mal *adj. dangerous, fearsome*: 3430; *bad, wicked*: 4156, 4157.
mal *s. m. evil, wickedness*: 4155, 4156, 4158, 4161, 4162, 4163.
malautru *adj. wretched, unhappy*: 4213.
malautrüance *s. f. misfortune, wretchedness*: 4214.
mangerie *s. f. eating, meal*: 3307.
mangier *inf. subst. food, eating*: 2942.
masson *s. m. stone-mason*: 3437.
matter *v. t. overwhelm*: 3597.
mauvecié, mauvetié *s. f. wickedness, inclination to act badly*: 425, 4154.
mehaignier *v. t. injure*: 3138.
meleste, moleste *s. f. difficulty, trouble*: 471, 2646, 3198.
mentir *v. i. deceive*: 3609.
meriter *v. t. reward*: 4478.
merveilleux *adj. marvellous, wonderful*: 4515.
meschance, meschëance *s. f. misfortune*: 3051, 3104, 3186, 4164, 4168, 4215.
mesch(e)ant *adj. unfortunate*: 4161, 4180.
meseureux *adj. unfortunate, ill-fated*: 3626.
mesnie *s. f. household, company*: 202, 203, 3105, 3351.
mesuser (de puissance) *v. i. treat badly, do wrong*: 2271.
mielz *s. m. hydromel*: 1495. See the Notes on the Text.
moe (faire la m.) *s. f. grimace, expressing disapproval, discontent*: 1299, 2506, 3200.

monde *adj. clean, blameless*: 3245.
monder *v. t. clean*: 3119.
monteplier *v. r. increase*: 2479.
monter *v. impers. be of worth*: 2546, 2759; *mean*: 3522.
morsel *s. m. piece, portion*: 3316, 3318.
moultiplié *p. p. as adj. rich, abundant*: 3313.
movement *s. m. motive, intention*: 3211, 4144.
moyson *s. f. dwelling, home*: 1046.
murer *v. t. fortify*: 1840.
musage (paier le musage) *s. m. pay for one's amusement*: 322, 1187.
musart *s. m. fool*: 937.
musel *s. m. snout*: 3514.
musser *v. t. hide, conceal*: 2162.

nape *s. f. cloth*: 3119.
nef *s. f. ship*; **nez** *pl.*: 2118; **nefz** *pl.*: 3547, 3554.
neglitenment *adv. without care*: 172.
nesun *negative adj. no*: 2858.
noblesse *s. f. nobility*: 3251; *pl. noble deeds*: 1655.
noctue *s. f. owl*: 4204. See the Notes on the Text.
nom, non *s. m. name*: 2295, 2330, 2339, 2352, 2434, 2460, 2470, 2524.
nonchaloir (faire a n.) *s. m. disregard, neglect*: 2454.
nonpuissant *adj. powerless, weak*: 3923, 3929; **nompuissant**: 3990.
nour(r)eture *s. f. education*: 37; (*fig.*) *food, nourishment*: 309; *food*: 770.

oiel *s. m. eye*: 2938.
oliphant *s. m. elephant*: 3407. See also **aliphant**.
ordoier *v. t. sully*: 4559.
ore (d'ore) *adv. now*: 288.
ort *adj. dirty, repulsive*: 4150.
oultrecuidié *p. p. as adj. arrogant*: 2642.

paiement *s. m. recompense*: 3172; *payment*: 4223, 4264, 4495.
paindre *v. r. hurl, fling o. s.*: 2701.
paragu *adj. acute*: 3519, 3521.
parde (for perte) *s. f. loss*: 4350.
pardre (for perdre) *v. t. lose*: 1799; **part** *pr. ind. 3*: 943, 1115, 1138, 1731, 1824, 2603, 4021, 4299; **parde** *pr. subj 3*: 1798, 3012, 3080, 4439, 4541; **pardi[i]st** *p. subj. 3*: 3998.
pardurable *adj. long-lasting, eternal*: 3724, 3803, 3835, 3886.
pardurablement *adv. eternally*: 3751.
parer *v. r. or v. t. adorn, attire o. s.*: 145, 167.
parfaire (a) *v. r. apply o. s. to*: 4153; *v. t. accomplish, complete*: 3333, 3334; *make perfect*: 3587.
parfundité *s. f. depth, profundity*: 4317.
parmenable *adj. perpetual*: 3887.
paroit *s. m. wall*: 3505.
passet *s. m. small step*; **aler le plain p.** *go full force*: 1348.

pelé *p. p. as adj. bald*: 106.
pelice *s. f. fur(-lined) cloak*: 3668.
peneux *adj. troublesome*: 4338.
perec(h)eux *adj. idle*: 399, 4106, 4335.
phisicien *s. m. doctor, physician*: 502.
phisique *s. f. medicine, natural science*: 3522.
pic *s. m. pickaxe*: 4027.
pigner *v. i. comb*: 3137.
piteux *adj. compassionate, merciful*: 300, 4353.
plain (de) *adv. completely, openly*: 3582.
plantureux *adj. full, firm*: 151; *abundant*: 1223; *fruitful, fertile*: 2778.
po, pou *adv.(a) little*: 1216, 3232; **a bien po** *recently, soon*: 47.
poignant *adj. sharp, pointed*: 3368.
poindre *v. t. stab, injure*: 2377, 2637, 4483.
point (en) *adv. quickly, in a moment*: 127; **a point** *quickly, just in time*: 340.
pointure *s. f. prick, wound*: 2228.
poissant *adj. powerful*: 1, 1606.
poli *p. p. as adj. gracious, elegant*: 3492.
pourchacier *v. t. aim at, strive for, pursue*: 2323, 3243, 3541.
pourmener *v. t. lead*: 4387.
poursuivre *v. t. pursue*: 513. See the Introduction, Linguistic Features.
pourtraiture *s. f. portrait, picture*: 1182.
pourveance *s. f. provision*: 24; *providence*: 4381.
pourveoir *v. t. provide for, care for*: 781.
precïeux *adj. valuable, precious*: 1222, 2029.
prelacion *s. f. ecclesiastical authority*: 2171.
prelat *s. m. prelate*: 3042.
presumptueux *adj. arrogant*: 2591.
prevost *s. m. provost, magistrate, civic official*: 3147.
prisier *v. t. value, esteem*: 415, 2262.
proliximent *adv. at length*: 3527.
propice *adj. gracious, favourable*: 1390.
proprieté *s. f. particularity, nature*: 2776.
pur *adj. absolute, total*: 3592.
pyment *s. m. spiced, honeyed wine*: 2113.
py[m]poler *v. t. titivate*: 2347.

quarrel *s. m. bolt, arrow from a crossbow*: 3410.
queue *s. f. end, conclusion*: 3326.
queurt *pr. ind. 3* corir *v. i. run, spread*: 2549, 3231.

rabatre *v. t. bring down*: 1446.
ralier *v. t. rally, call together*: 2717.
raseur *s. m. razor*: 4075.
ratraire *v. t. remove, withdraw*: 218, 430; *v. r. reflect*: 2789; *hold back*: 4220.
rebouter *v. t. reject, dismiss*: 4363.
reclusage *s. m. solitary place, hermitage*: 1708.

Glossary

recuillir *v. t. collect*: 436.
refaire *v. r. comfort, refresh o. s.*: 3675.
refraindre (de) *v. i. refrain from*: 578; *v. r. restrain o. s., moderate*: 2700.
refroidier *v. i. cool down, become less strong*: 2137.
refuger *v. t. save, hide*: 429.
remirer *v. r. look on with admiration*: 1356.
rere *v. i. shave*: 3137.
resne (tourner sa r.) *s. f. tighten the reins, change direction*: 50.
respoïr *v. i. have new hope*: 1514.
ressort *s. m. help, recourse*: 1012.
retraire *v. i. withdraw, leave*: 218; *v. t. dissuade from, prevent*: 574; *v. r. reflect, turn within o. s.*: 2789; *hold o. s. back*: 4220.
reverchier *v. t. examine, search*: 4431.
roe *s. f. wheel*: 1268, 1298, 1450, 1458, 3199.
roit *adj. tight*: 110.
roidement *adv. tightly*: 193.
ront *pr. ind. 3* **rompre** *v. i. joust, strike with a lance*: 4529; *v. r. break, become broken*: 837.
roupture *s. f. break*: 840.
rude *adj. ignorant, unlettered*: 222.

saignier *v. r. bleed*: 3170.
sanger, for **changer** *v. r. change*: 1185, 1243; *v. t. change*: 1478.
saoulé *p. p. as adj. full, firm*: 108.
saouler *v. t. satisfy*: 3291.
sauvable *adj. beneficial, salutary*: 4295.
segent *adj. second*: 2123.
seigner *v. i. bleed (by barber)*: 3137.
seignorier *v. i. govern, rule*: 540.
seignouri *adj. noble*: 90.
seigno(u)rie *s. f. lordship, power, authority*: 195, 477, 812, 1035, 1070, 2206, 2690, 2836, 3072, 4003.
sembler *v. t. resemble*: 4507.
sené *p. p. as adj. wise, prudent*: 2732.
sentement *s. m. intention, sensibility, excitement*: 217.
sepmaine (en male) *s. f. in a sorry state*: 652.
serf *s. m. deer*: 4105.
sergentaille *s. f. servants, men-at-arms*: 1406, 3132.
serïeux *adj. serious (in appearance), important*: 217.
seufisance, souf(f)isance *s. f. sufficiency*: 2816, 3613, 3617, 3658, 3696.
seuilli *p. p. as adj. dirty, wallowing*: 4119.
seurtroit *p. p.* **seurtraire** *v. t. remove, take away*: 1532.
soi[s]tié *s. f. company*: 711.
sommierement *adv. briefly*: 3582.
songneux *adj. attentive*: 187.
souffraite *s. f. need*: 3020.
souffreteux *adj. needy, wretched*: 15, 63, 1897, 1907, 2091, 4069.

soulacier *v. i. amuse, enjoy o. s.*: 116.
soulas *s. m. pleasure*: 2888; **solas**: 3123.
soutil *adj. wise*: 2791, 3540.
subgié *s. m. vassal, dependent*: 4475.
suhaucie *p. p. v. t.* **su[r]haucier** *raise up, make more powerful*: 1257.
suigant *pr. p.* **suivre** *follow*: 1411.
suppediter *v. t. trample underfoot, overcome*: 417, 2181.
sustance (d'une s.) *s. f. (of one and the same) nature*: 869.

taille *s. f. slash, harm*: 1259.
taindre *v. i. grow sad, grow pale*: 582.
tancer *v. i. argue*: 4077.
tarir *v. i. dry up*: 3467.
tenant *pr. p. as adj. grasping, miserly*: 1881.
tendant *adj. unwrinkled, soft*: 108.
tenir *v. t. fasten, attach*: 172.
tenue *s. f. hold, staying power*: 136, 485; **avoir t.** *behave appropriately*: 4527.
terrëain, terrïan, terrïen *adj. human, earthly, of this world*: 968, 1728, 2243, 2253, 2269, 2275, 2417, 2967.
tolereux *adj. thieving*: 2562. See the Notes on the Text.
tolir *v. t. remove;* **tout** *pr. ind. 3*: 1215, 1267.
torel *s. m. bullock*: 3423, 3429.
tour *s. m. ruse, means*: 434.
toyle *s. f. linen cloth*: 1279.
traire *v. i. shoot (arrows)*: 3181; *v. t. draw to, attract*: 1104; **t. arriere** *withdraw*: 1134.
transgrecion *s. f. transfer*: 2802.
trasse *s. f. mark, trace*: 398.
tre[n]schant *pr. p. as adj. sharp*: 3116.
tresparssant *pr. p. as adj. very penetrating*: 3504.
trespo *adv. very little*: 2037.
trousel *s. m. bundle*: 3513.
truffoy *s. m. lying, cheating*: 2145.
tyeux *pron. such a one*: 2269; **tieux** *adj. such*: 2294.
tygre *s. m. tiger*: 3452.

unde *s. f. wave*: 2696.

vain *adj. weak, exhausted*: 399; *futile, empty, void*: 2244, 2254, 2276, 2767, 4194; **vaine gloire** *vainglory*: 2398, 2401.
vallant *adj. worthy*: 2578.
value *s. f. worth, standing*: 341.
variablement *adv. in various ways*: 591.
vermonsel *s. m. small earthworm*: 2229, 3964.
vert *adj. vigorous, fresh*: 91.
viandes *s. f. food*: 313, 3313.
vierginaté *s. f. virginity*: 2301.

voille *s. m. veil*: 1942.
volage *adj. ephemeral*: 3248.
volentiers *adv. willingly*: 1663, 1827.
vontree *s. f. stomachful*: 3317.
voysle *s. f. sail*: 1278.
vuid *adj. vain, futile*: 2026.
vulpis *s. m. fox*: 4089.

yaux *s. f. pl. water, waterways*: 385.
ystoire *s. f. history*: 27.

BIBLIOGRAPHY

Latin Text: Editions, Translations, Commentary

BIELER, L., ed., *Anicii Manlii Severini Boethii Philosophiae Consolatio*, Corpus Christianorum, Series Latina, 94 (Turnhout: Brepols, 1957) (*CP*)

MORESCHINI, CLAUDIO, ed., and ERIC VANPETEGHEM, trans., *Boèce: La Consolation de Philosophie* (Paris: Livre de Poche, 2008)

NAUTA, LODI, ed., *Guillelmi de Conchis. Glosae super Boetium*, Corpus Christianorum Continuatio Medievalis, 158 (Turnhout: Brepols, 1999)

SILK, E. T., ed., *Nicholas Trevet on Boethius: Exposicio Fratris Nicolai Trevethi Anglici Ordinis Predicatorum super Boecio De Consolacione* <http://campuspress.yale.edu/trevet/> (accessed 30 August 2017)

Medieval French Translations: 1. Editions

ATHERTON, BÉATRICE, 'Édition critique de la version longue du *Roman de Fortune et de Felicité* de Renaut de Louhans, traduction en vers de la *Consolatio Philosophiae* de Boèce', 2 vols (unpublished doctoral thesis, University of Queensland, 1994). It is available online: <https://espace.library.uq.edu.au/view/UQ:366317>

ATKINSON, J. KEITH, ed., *Boeces: De Consolacion: édition critique d'après le manuscrit Paris, Bibl. nationale, fr. 1096, avec introduction, variantes, notes et glossaires*, Beihefte zur Zeitschrift für romanische Philologie, 277 (Tübingen: Niemeyer, 1996)

CROPP, GLYNNIS M., ed., *Böece de Confort remanié: édition critique*, MHRA European Translations, 1 (London: Modern Humanities Research Association, 2011)

—— *Le Livre de Boece de Consolacion: édition critique*, Textes littéraires français, 580 (Geneva: Droz, 2006)

NOEST, MARCEL, ed., 'A Critical Edition of a Late Fourteenth Century French Verse Translation of Boethius' *De Consolatione Philosophiae*: The *Böece de Confort*', *Carmina Philosophiae: Journal of the International Boethius Society*, 8–9 (1999–2000), v–xviii, 1–331; 11 (2002), 9–15 (Notes to the Introduction)

2. Studies

ATHERTON, BÉATRICE, and J. KEITH ATKINSON, 'Les manuscrits du *Roman de Fortune et de Felicité*', *Revue d'Histoire des Textes*, 22 (1992), 169–251

ATKINSON, J. KEITH, 'A *Dit contre Fortune*, the Medieval French Boethian *Consolatio* Contained in MS Paris, Bibliothèque Nationale, fr. 25418', in *New Directions in Boethian Studies*, ed. by Noel Harold Kaylor, Jr, and Philip Edward Phillips (Kalamazoo: West Michigan University, 2007), pp. 53–74

—— and GLYNNIS M. CROPP, 'Boèce, *Consolatio Philosophiae*, VIe siècle', in

Translations médiévales (Transmédie): cinq siècles de traductions en français au Moyen Âge (XIe-XVe siècles): Etude et Répertoire, 2 parts in 3 vols, ed. by Claude Galderisi, II, *Corpus Transmédie* (Turnhout: Brepols, 2011), 2, 181, pp. 333-43

—— 'Trois traductions de la *Consolatio Philosophiae* de Boèce', *Romania*, 106 (1985), 198-232

BILLOTTE, DENIS, *Le Vocabulaire de la traduction par Jean de Meun de la 'Consolatio Philosophiae' de Boèce*, 2 vols (Paris: Champion, 2000)

CROPP, GLYNNIS M., 'Affinities, Appropriation, and Hybridity in the Medieval French Translations of Boethius's *Consolatio Philosophiae*, with Particular Reference to *Un Dit moral contre Fortune* (MS BNF, fr. 25418)', *Carmina Philosophiae: Journal of the International Boethius Society*, 21 (2012), 1-41

—— 'Boethius in Medieval France: Translations of the *De Consolatione Philosophiae* and Literary Influence', in *A Companion to Boethius in the Middle Ages*, ed. by Noel Harold Kaylor, Jr, and Philip Edward Phillips (Leiden: Brill, 2012), pp. 319-55

DELISLE, LÉOPOLD, 'Anciennes traductions françaises de la Consolation de Boèce conservés à la Bibliothèque nationale', in *Inventaire général et méthodique des mss français de la Bibliothèque nationale* (Paris, 1876-78), II, app. 2, pp. 317-46 (first publ. in *Bibliothèque de l'École des Chartes*, 34 (1873), 5-32; review, Paul Meyer, *Romania*, 2 (1873), 271-73)

DWYER, RICHARD A., *Boethian Fictions: Narratives in the Medieval French Versions of the Consolatio Philosophiae* (Cambridge, MA: The Mediaeval Academy of America, 1976)

THOMAS, ANTOINE, and MARIO ROQUES, 'Traductions françaises de la *Consolatio Philosophiae* de Boèce', *Histoire littéraire de la France*, 37 (1938), 419-88, 543-47

Editing

BOURGAIN, PASCALE, and FRANÇOISE VIELLIARD, *Conseils pour l'édition des textes médiévaux*, III, *Textes littéraires* (Paris: Éditions du CTHS, École Nationale des Chartes, 2002)

FOULET, ALFRED, and MARY BLAKELY SPEER, *On Editing Old French Texts* (Lawrence: Regents Press of Kansas, 1979)

JODOGNE, OMER, '*povoir* ou *pouoir*? Le cas phonétique de l'ancien verbe *pouoir*', *Travaux de linguistique et de littérature*, 4.1, *Mélanges de linguistique et de philologie romanes offerts à Monseigneur Pierre Gardette* (Strasbourg: Klincksieck, 1966), 257-66

ROQUES, MARIO, 'Établissement de règles pratiques pour l'édition des anciens textes français et provençaux: Société des anciens textes français: compte rendu de la séance tenue à Paris les 18 et 19 octobre 1925', *Romania*, 52 (1926), 242-56

Other Works Consulted: 1. Texts

BRUNETTO LATINI, *Li Livres du Tresor*, ed. by F. J. Carmody (Berkeley, 1939-48; repr. Geneva: Slatkine, 1975)

Chronique du Religieux de Saint-Denys, publ. and translated by M. L. Bellaguet,

3 vols (Paris: Éditions du Comité des travaux historiques et scientifiques, 1994),
   2 (tomes III–IV)
GUILLAUME DE LORRIS ET JEAN DE MEUN, *Le Roman de la Rose*, ed. by Félix Lecoy,
   3 vols (Paris: Champion, 1966–70)
Hervis de Mes: chanson de geste anonyme (début du XIIIe siècle), ed. by Jean-Charles
   Herbin (Geneva: Droz, 1992)
Placides et Timéo; ou, Li secrés as philosophes, ed. by Claude Alexandre Thomasset
   (Geneva: Droz, 1980)
Le Respit de la Mort par Jean Le Fèvre, ed. by Geneviève Hasenohr-Esnos, Société
   des anciens textes français (Paris: A. & J. Picard, 1969)
Le Roman de Fauvel par Gervais Du Bus, ed. by Arthur Långfors (Paris: F. Didot,
   1919; repr. 1978)
La Voie de Povreté et de Richesse: Critical Edition, ed. by Glynnis M. Cropp, MHRA
   Critical Texts, 51 (Cambridge: MHRA, 2016)

2. Studies

CERQUIGLINI, JACQUELINE, 'Le Dit', in *La Littérature française aux XIVe et XVe
   siècles*, I, *Grundriss der romanischen Literaturen des Mittelalters (GRMLA)*, VIII.1
   (Heidelberg: Carl Winter, 1988), pp. 86–94
COOPER, LANE, *A Concordance of Boethius: The Five Theological Tractates and
   the Consolation of Philosophy* (Cambridge, MA: The Mediaeval Academy of
   America, 1928)
COURCELLE, PIERRE, *La Consolation de Philosophie dans la tradition littéraire:
   antécédents et postérité de Boèce* (Paris: Études augustiniennes, 1967)
FRITZ, JEAN-MARIE, 'La clepsydre et l'oxymore: variations sur la *Chantepleure*',
   Romania, 134 (2016), 346–401
HUNT, TONY, 'The Christianization of Fortune', *Nottingham French Studies*, 38.2
   (1999), 95–113
LÉONARD, MONIQUE, 'Dit', in *Dictionnaire du Moyen Âge*, ed. by Claude Gauvard,
   Alain de Libera and Michel Zink (Paris: Quadrige/Presses Universitaires de
   France, 2002), pp. 421–22
MAGEE, J. C., 'The Boethian Wheels of Fortune in Mediaeval Literature', *Mediaeval
   Studies*, 49 (1987), 524–33.
MORAWSKI, JOSEPH, 'Le manuscrit fr. 25418 de la Bibliothèque nationale et les vers
   sur les quatre tempéraments humains', *Neuphilologische Mitteilungen*, 28 (1927),
   195–208
SINCLAIR, KEITH VAL, *French Devotional Texts of the Middle Ages: A Bibliographic
   Manuscript Guide* (Westport, CT: Greenwood Press, 1979), and *First Supplement*
   (1987)
—— *Prières en ancien français: nouvelles références, renseignements complémentaires, indications bibliographiques, corrections et tables des articles du Répertoire
   de Sonet* (Hamden, CT: Archon Books, 1978)
SONET, JOSEPH, *Répertoire d'incipit de prières en ancien français* (Geneva: Droz,
   1956)

Language

BOURCIEZ, ÉDOUARD, and JEAN BOURCIEZ, *Phonétique française: étude historique* (Paris: Klincksieck, 1967)
BRAZEAU, STÉPHANIE, and SERGE LUSIGNAN, 'Jalon pour une histoire de l'orthographie française au XIVe siècle: l'usage des consonnes quiescentes à la chancellerie royale', *Romania*, 122 (2004), 444–67
CHATELAIN, HENRI, *Recherches sur le vers français au XVe siècle* (Paris, 1907; Geneva: Slatkine, 1974)
CHAURAND, JACQUES, *Introduction à la dialectologie française* (Paris: Bordas, 1972)
FOUCHÉ, PIERRE, *Phonétique historique du français*, 3 vols (Paris: Klincksieck, 1952–61)
FOUCHÉ, PIERRE, *Le Verbe français: étude morphologique* (Paris: Klincksieck, 1967)
GOSSEN, CHARLES THÉODORE, *Grammaire de l'ancien picard* (Paris: Klincksieck, 1970)
HASENOHR, GENEVIÈVE, *Introduction à l'ancien français de Raynaud de Lage*, 2e édition, revue et corrigée (Paris: SEDES, 2006)
MARCHELLO-NIZIA, CHRISTIANE, *La Langue française aux XIVe et XVe siècles* (Paris: Nathan, 1997)
MARTIN, ROBERT, and MARC WILMET, *Manuel du français du Moyen Âge*, II, *Syntaxe du moyen français* (Bordeaux: Sobodi, 1980)
MÉNARD PHILIPPE, *Manuel du français du Moyen Âge*, I, *Syntaxe de l'ancien français* (Bordeaux: Sobodi, 1973)
PHILIPON, ÉDOUARD, 'Les parlers de la Comté de Bourgogne aux XIIe et XIVe siècles', *Romania*, 43 (1914), 495–559
—— 'Les parlers du Duché de Bourgogne', *Romania*, 19 (1910), 476–531
POPE, MILDRED KATHLEEN, *From Latin to Modern French with Especial Consideration of Anglo-Norman* (Manchester: Manchester University Press (1934), revised edition 1952)
ROQUES, GILLES, 'Les Régionalismes dans les traductions françaises de la *Consolatio philosophiae* de Boèce', in *The Medieval Translator: Traduire au Moyen Âge: La Traduction vers le moyen français*, ed. by Claudio Galderisi and Cinzia Pignatelli (Turnhout: Brepols, 2007), pp. 187–203

Dictionaries

COTGRAVE, RANDLE, *A Dictionarie of the French and English Tongues* (London, 1611; repr. Hildesheim: G. Olms, 1970)
Dictionnaire du moyen français (DMF 2015), <http://www.atilf.fr/dmf>, ATILF/ CNRS — Université de Lorraine (*DMF*)
DI STEFANO, GIUSEPPE, *Nouveau dictionnaire historique des locutions: ancien français — moyen français — Renaissance*, 2 vols (Turnhout: Brepols, 2015)
GODEFROY, FRÉDÉRIC E., *Dictionnaire de l'ancienne langue française du IXe au XVe siècles*, 10 vols (Paris: F. Vieweg, 1881–1902; repr. New York: Kraus, 1961 (*Gdf*)
HINDLEY, ALAN, FREDERICK W. LANGLEY and BRIAN J. LEVY, *Old French–English Dictionary* (Cambridge: Cambridge University Press, 2000)

www.ingramcontent.com/pod-product-compliance
Lightning Source LLC
Chambersburg PA
CBHW071458150426
43191CB00008B/1382